L'APHASIE DE L'ENFANT
et les bases biologiques du langage

DU MÊME AUTEUR:

Seron (X.) / Lambert (J.-L.) / Vanderlinden (M.): *La modification du comportement*

Seron (X.): *Aphasie et neuropsychologie*

Seron (X.) / Laterre (C.): *Rééduquer le cerveau*

Sous la direction de Rondal (J.A.) et Seron (X.): *Troubles du langage. Diagnostic et Rééducation*

Participation aux:

Manuel de psychologie / Introduction à la psychologie scientifique
sous la direction de Droz / Richelle

Manuel de psychologie de l'enfant
sous la direction de Hurtig / Rondal

 *PSYCHOLOGIE ET SCIENCES HUMAINES*

Anne Van Hout et Xavier Seron

l'aphasie de l'enfant
et les bases biologiques du langage

PIERRE MARDAGA, EDITEUR
2, GALERIE DES PRINCES, 1000 BRUXELLES

© Pierre Mardaga
37, rue de la Province, 4020 Liège
2, Galerie des Princes, 1000 Bruxelles
D. 1983-0024-19

Elle était en train de laisser son imagination divaguer sur ce thème lorsqu'elle parvint à l'orée de la forêt, qui semblait être ombreuse et fraîche. «En tout cas, ma foi c'est bien agréable, dit-elle en cheminant sous les arbres, après avoir eu si chaud, de pénétrer dans le... dans la... dans *quoi?* poursuivit-elle, quelque peu surprise de ne pouvoir trouver le mot. Je veux dire, de se trouver sous le... sous la... sous *ceci*, voyez-vous bien! Posant la main sur le tronc de l'arbre: Comment cela se nomme-t-il? Je crois que ça n'a pas de nom... C'est ma foi, bien sûr, que ça n'en a pas!»

Lewis CARROLL, «De l'autre côté du miroir»

Préface

Un des intérêts d'une préface est de situer un livre dans l'évolution des idées et des sciences et de souligner les confins et les convergences avec les domaines connexes. Le livre d'Anne Van Hout et de Xavier Seron est une étape dans le courant évolutif de la Neuropsychologie et de la Neurologie Pédiatrique, que je décrirai donc brièvement, sans faire d'historique exhaustif ni universel.

En France, la Neurologie Pédiatrique s'est créée il y a une trentaine d'années au sein de la Pédiatrie parisienne et son organisation initiale fut favorisée par la nécessité d'organiser le traitement de la poliomyélite; c'est une de ses principales racines pédiatriques. Aux Etats-Unis, la Neurologie Pédiatrique est née vers 1958, au Massachusetts General Hospital, du puissant courant des Neurosciences qui y existait déjà; c'est une de ses fortes filiations neurologiques. Dès avant 1940, la Neuropathologie belge avait largement préparé le terrain conceptuel et nosologique sur lequel la Neuropédiatrie s'est ensuite fondée. Au cours des trois dernières décennies, la Neurologie Pédiatrique, la Neurologie du développement et les sciences de base qui les nourrissent n'ont cessé de se développer et ont permis des progrès décisifs dans la prévention et le traitement des handicaps du système nerveux et locomoteur de l'enfant.

1. Le développement de services cliniques spécialisés en mesure d'assurer dans des conditions favorables le diagnostic, le traitement et la guidance des innombrables affections du système nerveux a transformé l'avenir de nombreux enfants atteints d'affections neuropédiatriques. Ces services ne jouent pleinement leur rôle qu'en intégrant leurs racines pédiatriques et leurs racines neurologiques sans se couper des courants qui leur ont donné naissance.

2. Le diagnostic et la prévention de la plupart des maladies de surcharge et grâce à leur dépistage précoce le traitement diététique de quelques maladies métaboliques telle que la phénylcétonurie.

3. La découverte de nouveaux médicaments anti-épileptiques qui ont permis de sortir des institutions une proportion importante des enfants qui y étaient hospitalisés pour épilepsie grave et incurable.

4. Une révolution dans les méthodes d'exploration du système nerveux de l'enfant. Les techniques actuelles sont «non invasives» et permettent une analyse fine de la structure, du fonctionnement et même du métabolisme régional du système nerveux.

5. L'amélioration des techniques, des indications et de la sécurité en Neurochirurgie Pédiatrique a entraîné un bénéfice considérable pour de nombreux patients, particulièrement pour certains enfants atteints d'hydrocéphalie.

6. La Neurobiologie du développement, et particulièrement les progrès de la Neuroanatomie du développement prénatal, ont permis de dégager des bases rationnelles pour

la compréhension des troubles du développement cérébral, ouvrant la voie à leur prévention et dans certains cas à leur traitement.

Dans notre indispensable réflexion sur l'évolution de la Neurologie Pédiatrique, il est important de reconnaître les principaux problèmes non résolus qui sont autant de défis posés par nos malades et qui nous tracent la voie à suivre dans nos recherches durant la prochaine décennie.

1. Malgré une apparente efflorescence de travaux, l'étude du développement des «fonctions cérébrales supérieures» et de leurs perturbations, parmi lesquelles les troubles du développement du langage, de la lecture, les troubles cognitifs, les troubles de l'apprentissage scolaire, est restée un parent pauvre de la Neuropédiatrie. Ces troubles sont extrêmement fréquents; ils se situent aux confins de nombreuses disciplines et constituent une préoccupation grave pour de nombreux enfants et de nombreuses familles ainsi qu'une réelle priorité dans l'organisation de la Santé Publique et de l'Education. La nécessité d'un abord multidisciplinaire de ces troubles est soulignée par la plupart des auteurs mais, jusqu'ici, il y a peu d'unité de vues entre les différents spécialistes et encore moins d'études rigoureuses et contrôlées. Heureusement, on assiste maintenant à des échanges d'idées et à des publications qui soulignent ces problèmes et proposent des stratégies pour de nouvelles approches.

2. La Neurobiologie et la Neuropsychologie du développement ont clairement reconnu l'importance d'une étude rigoureuse de la plasticité du système nerveux. Jusqu'ici, l'étude de cette plasticité fut extrêmement stimulante sur le plan conceptuel; elle a apporté quelques expériences cruciales départageant plus clairement les facteurs innés, génétiques et lésionnels des facteurs d'environnement et de stimulation. Les progrès pratiques et les consé-

quences thérapeutiques de ces notions sont cependant encore très modestes.

3. Le développement de nouvelles méthodes d'exploration du système nerveux central, en particulier la résonance magnétique nucléaire et la tomographie d'émission (tomographie positronique), ainsi que de nouvelles recherches sur les bases neurochimiques de certains troubles du comportement, font espérer des progrès non seulement pour établir le diagnostic mais également pour jeter les bases de la Neurobiologie de certains syndromes neuropsychologiques et comportementaux.

4. L'intégration des approches psycho-affectives et neurobiologiques, pour difficile qu'elle soit, est un objectif prioritaire du diagnostic, de la prévention et du traitement des troubles du développement mental et physique de l'enfant.

5. La Neuropédiatrie sociale doit encore être fondée afin d'intégrer les facteurs d'environnement, dont l'importance est capitale, et afin de créer les bases d'une véritable prévention sociale de très nombreux troubles neuropédiatriques majeurs et mineurs, évitables grâce à une protection constante du cerveau en développement depuis le stade fœtal jusqu'à la fin de l'adolescence. Jusqu'ici, et à l'exception de quelques remarquables travaux effectués dans les pays scandinaves, les recherches scientifiques rigoureuses sont rares dans le domaine de la Neuropédiatrie sociale; elles sont souvent éparses et exploitées de manière hâtive et superficielle par les groupes socio-politiques. Il est urgent d'utiliser tout l'apport des Neurosciences et de la Neuropsychologie du développement, actuellement dans une courbe de croissance exponentielle, pour jeter les bases de programmes de recherche cohérents en Neuropédiatrie préventive et sociale. Cette recherche préalable doit pouvoir se réaliser dans un climat de sérénité et être programmée sur une durée suffisante. Si l'on espère des pro-

grès décisifs à long terme, les chercheurs ne doivent pas être constamment sollicités de fournir des conclusions pratiques à tout moment en cours d'exécution du programme de recherche. En revanche, c'est l'obligation des chercheurs d'avoir à l'esprit la solution des questions pratiques qui leur sont posées et de pouvoir, au moins à moyen terme, faire des suggestions pour appliquer sur le terrain les conclusions auxquelles ils auront abouti. De cette obligation réciproque des pouvoirs socio-politiques et des chercheurs devraient naître une compréhension et une confiance mutuelles qui permettraient de ne pas répéter certaines erreurs de programmation de la recherche qui ont eu lieu dans ce domaine au cours des deux dernières décennies.

Le livre d'Anne Van Hout, médecin, neuropédiatre et neuropsychologue, et de Xavier Seron, professeur de psychologie et neuropsychologue, constitue une étape importante dans le courant évolutif de la Neuropsychologie Pédiatrique évoqué ci-dessus. Pour les neuropsychologues et pour les neuropédiatres, il n'existait jusqu'ici aucun ouvrage de ce type sur l'aphasie de l'enfant; ce livre est destiné à devenir pour eux un outil de travail quotidien. L'extension du sujet aux bases biologiques du langage est un choix judicieux pour aborder d'une manière privilégiée certains des problèmes généraux évoqués ci-dessus. Il est classique de dire que l'enfant n'est pas un adulte en miniature et nous pouvons être certains qu'Anne Van Hout et Xavier Seron ne nous présenteraient pas l'aphasie de l'enfant comme la «réduction pédiatrique» de l'aphasie de l'adulte. En évitant cet écueil, ils nous ont démontré que l'étude de l'aphasie de l'enfant nécessite une double formation, «développementale» d'une part, aphasiologique de l'autre. C'est bien souvent soit l'absence de connaissance du langage enfantin, soit l'ignorance des tableaux aphasiologiques de l'adulte, qui ont mené la plupart des auteurs classiques à ne pas détecter les troubles qui paraissent évidents si l'on possède ces deux formations. C'est ce qui a permis à Anne Van Hout et à Xavier Seron de nous donner cette œuvre originale.

Ce livre est une étape significative pour la Neurologie Pédiatrique et pour la Neuropsychologie de l'enfant.

Philippe EVRARD,
Professeur de Neurologie Pédiatrique
et de Neuro-anatomie à l'Université de Louvain

Chapitre I
Définitions et remarques générales

1. Délimitation du syndrome

Il ne sera, dans cet ouvrage, question que de «l'aphasie acquise de l'enfant» et non d'un ensemble de troubles développementaux auxquels elle a parfois été assimilée.

La confusion la plus fréquente consiste généralement à réunir en une seule entité nosologique «l'aphasie développementale», dite aussi «aphasie congénitale», et l'aphasie acquise. Les deux syndromes doivent cependant être distingués : dans l'aphasie développementale, le désordre cérébral a précédé l'acquisition du langage, tandis que dans l'aphasie acquise, le désordre ou l'atteinte cérébrale surviennent après qu'ait débuté le développement d'un langage normal.

On peut, pour l'aphasie développementale, se référer à McCarthy (1963) qui en propose la définition suivante : « Par aphasie développementale (parfois appelée aphasie congénitale), on indique une condition dans laquelle soit un défaut d'équipement nerveux, soit une lésion cérébrale se produit avant, pendant ou après la naissance et empêche l'acquisition du langage chez l'enfant. Par aphasie de l'enfant (acquise pour nous), on désigne un déficit survenant après que le langage ait été acquis normalement». Mais cette définition soulève encore, pour l'identification de l'aphasie congénitale, de délicats problèmes de diagnostic différentiel qui ont conduit la plupart des auteurs à ajouter à la définition de McCarthy: l'absence de troubles sensorimoteurs majeurs et la présence d'un développement intellectuel normal (Zangwill, 1978; Leblanc, 1982).

En outre, la tendance actuelle en pathologie de l'enfant est de réserver les termes de «dysphasie» et de «dyslexie» aux troubles de développement du langage oral ou écrit, tandis que l'on ne parlera, tout comme en pathologie adulte, d'aphasie et d'alexie qu'en référence aux troubles acquis.

Nous définirons donc l'aphasie acquise de l'enfant comme étant «un trouble du langage consécutif à une atteinte objective du S.N.C. et survenant chez un enfant ayant normalement acquis un 'certain' niveau de compréhension et d'expression verbale» (Seron, 1977, 1982). Une définition de ce type a l'avantage de distinguer le trouble acquis du trouble de développement, et de distinguer l'aphasie de l'enfant de l'aphasie de l'adulte. En cas de lésions survenant *avant* l'acquisition du langage et ayant un effet sur celle-ci, c'est, selon la gravité, de dysphasie ou d'aphasie développementale qu'il faudra parler, tandis qu'en cas de lésions survenant *après* la période d'acquisition du langage, on parlera d'aphasie de l'adulte. Il y aurait donc le continuum suivant:

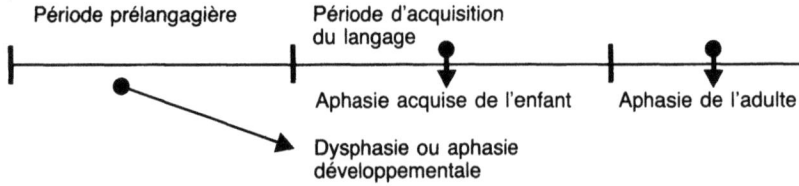

L'adoption d'un tel point de vue, c'est-à-dire la prise de repères chronologiques et comportementaux, ne va pas sans soulever quelques difficultés de classification au moins aux frontières des trois périodes distinguées: avant - pendant - après l'acquisition du langage.

Il est en effet bien difficile, si l'on se rapporte aux travaux des psycholinguistes, de décider aujourd'hui avec précision à la fois du moment où commence l'acquisition du langage et de celui où elle s'arrête. Posée dans des termes aussi généraux, cette question paraît même dépourvue de fondement. Le développement lexical, par exemple, montre une progression continue (au moins pour certains individus), et les étapes d'acquisition du langage sont différentes selon que l'on considère la mise en place du système phonologique, du répertoire lexical ou des premières structures morphosyntaxiques. Si l'on examine l'acquisition des conduites langagières dans leurs aspects de représentation et de communication, il est à la limite impossible, dans le développement dit «prélangagier», de déterminer un moment précis où on passerait des conduites prélangagières aux conduites «langagières» proprement dites. Là où, pour des raisons didactiques, les ouvrages sur l'acquisition du langage nous présentent des stades successifs et distincts, il y a, en fait, une réalité davantage continue. Si l'on ajoute à ces remarques que l'on dispose de beaucoup moins de données sur le développement de la compréhension et que celui-ci précède sans doute l'apparition d'un répertoire expressif, force est de constater que la démarcation, pour l'élaboration du langage, entre un «avant» et un «après» est bien difficile à tracer (sauf à se satisfaire du critère magique de la logopédie classique: le premier mot, mais voir à ce propos les remarques de Darley et Winitz, 1961). Ces réserves ne doivent cependant pas trop inquiéter, car ces difficultés de diagnostic différentiel ne se posent qu'aux âges frontières. Il reste que dans l'examen de la littérature consacrée aux aphasies acquises de l'enfant, une certaine circonspection devrait s'imposer à l'égard de cas d'enfants jeunes (± 18 mois) décrits comme aphasiques et ayant le plus souvent fait l'objet d'analyses rétrospectives.

En ce qui concerne la frontière supérieure, c'est-à-dire l'établissement d'une distinction entre l'aphasie de l'enfant et l'aphasie de l'adulte, les critères paraissent encore plus difficiles à justifier sur le plan théorique. En effet, ou bien l'on décidera d'utiliser a priori un repère chronologique constant (par exemple, avant quatorze ans, on parlera d'aphasie de l'enfant, après d'une aphasie de l'adulte); ou bien l'on utilisera un critère biologique variable selon les sujets, bien que dans des limites restreintes, par exemple le critère d'établissement de la puberté. Ces deux critères ne sont, au plan sémiologique et au plan développemental, que partiellement fondés. En effet, sur le plan sémiologique, comme nous aurons l'occasion de le voir dans les chapitres suivants, il n'est pas toujours évident que l'aphasie de l'enfant soit constituée d'un ensemble homogène de signes qui permette de la distinguer de l'aphasie de l'adulte (laquelle est sans doute elle-même sujette à variations selon l'âge, Obler et al., 1978). Sur le plan développemental, il n'y a pas de moment marquant véritablement un arrêt dans la possibilité d'acquisition du langage. Le passage entre la période d'acquisition de grande amplitude et l'état d'exercice simple des processus langagiers acquis n'est à l'évidence pas de type «tout ou rien» et reste encore peu documentée en psycholinguistique développementale. Il résulte entre autres de ces remarques que l'étude des cas d'aphasies entre 12 et 20 ans devrait être approfondie; elle devrait permettre d'examiner plus en détail l'existence d'éventuelles «sémiologies intermédiaires» entre les différentes formes d'aphasie de l'enfant et les sémiologies classiques de l'adulte, et de répondre à la question encore ouverte d'une diminution progressive en fonction de l'âge des possibilités de récupération.

Nous sommes donc conscients, en consacrant ce livre à l'aphasie de l'enfant, qu'il s'agit en fait d'un découpage quelque peu arbitraire, les distinctions de la psychologie «nourrisson» - «enfant» - «adulte» - «vieillard» créant l'illusion d'entités distinctes, d'origine plus sociale que biologique. Un autre inconvénient inhérent à ce découpage est l'utilisation classique du singulier en ce qui concerne l'aphasie acquise de l'enfant, là où notre analyse de la sémiologie semble indiquer que l'utilisation d'un pluriel serait plus adéquate, car il existe sans doute «des aphasies de l'enfant».

2. Importance du syndrome

Depuis la découverte par Paul Broca du siège de l'aphasie motrice, les travaux sur l'aphasie se sont multipliés, mais plus de 90 % d'entre eux ont eu pour objet l'aphasie de l'adulte. En fait, comme le soulignent justement Satz et Bullard-Bates (1981), l'aphasie de l'enfant a été (et reste) largement négligée dans les travaux de neuropsychologie. Il suffit pour s'en convaincre de parcourir la plupart des traités contemporains de neuropsychologie : l'aphasie de l'enfant y fait figure de parent pauvre, un chapitre au plus lui étant dévolu.

Cette situation n'est cependant pas propre à l'aphasie, et un commentaire analogue pourrait aussi s'appliquer aux troubles praxiques, gnosiques, mnésiques et intellectuels de l'enfant. Il s'agit donc d'une carence plus générale : la neuropsychologie de l'enfant reste peu développée par rapport à celle de l'adulte. Il y a à cette disparité plusieurs raisons que nous allons brièvement commenter.

Une première raison est sans doute la difficulté de l'abord développemental en neuropsychologie clinique. En effet, alors que chez l'adulte, face à un tableau pathologique post-lésionnel, on peut dans d'assez bonnes conditions émettre des hypothèses sur ce qu'était le répertoire pré-lésionnel d'un patient donné, la comparaison pré/post-lésionnelle est, chez l'enfant, soumises aux aléas de la variabilité interindividuelle des rythmes et des niveaux de développement atteints. Ceci pose des problèmes particulièrement aigus quand la sémiologie post-lésionnelle prend chez l'enfant la forme de signes régressifs. Nous reviendrons sur ces points dans la discussion des données sémiologiques à disposition et nous verrons qu'il est, par moments, ardu de se prononcer sur le caractère acquis de certains troubles. Une autre difficulté sémiologique propre à l'enfant tient au fait que l'évolution des symptômes présente le plus souvent un caractère composite: maintien partiel ou arrêt de la séquence développementale et récupération de ce qui a été perdu suite à la lésion, ce second facteur étant le seul à prendre en considération chez l'adulte. En fait, la sémiologie de l'aphasie de l'enfant est par nature composite: c'est une sémiologie acquise, puisqu'il y a modification d'un tableau antérieur, mais ce peut être aussi une sémiologie développementale, puisque l'atteinte initiale peut amener un effet négatif à long terme sur les conduites non encore présentes dans le répertoire de l'enfant au moment de l'atteinte[1] mais dont le développement normal était attendu. Enfin, un dernier facteur, et peut-être le plus important, concerne les interrelations existant entre les différentes modalités du répertoire comportemental chez l'enfant comparées à celles en œuvre chez l'adulte. En effet, si la sémiologie neuropsychologique de l'adulte sem-

---

[1] Un enfant atteint d'une aphasie à 5 ans et éprouvant ensuite des difficultés lors de l'acquisition du langage écrit présente en fait d'une part une aphasie acquise, et d'autre part un retard «développemental» d'acquisition de la lecture ou de l'écriture; ces derniers troubles résultant d'une lésion objectivable sont tout à la fois différents d'une alexie, puisqu'il ne s'agit pas d'une désorganisation acquise de la lecture, et différents d'une dyslexie, puisqu'ils sont liés à une cause précise.

ble indiquer l'existence d'une certaine indépendance fonctionnelle entre différentes dimensions du comportement, indépendance qui autorise la description de sémiologies relativement pures, chez l'enfant, les choses se compliquent du fait que l'acquisition d'un répertoire comportemental normal repose sans doute davantage sur l'existence d'interrelations multiples entre les différentes dimensions du comportement. Un enfant apraxique ne pourra, par exemple, se construire une représentation normale de l'espace, un enfant aphasique se trouvera plongé dans un environnement social appauvri, ce qui ne sera pas sans influence sur son développement cognitif ultérieur, etc. Il en résulte donc que, même lorsque l'enfant présente, après une lésion cérébrale, des troubles relativement bien circonscrits, l'incidence de ces troubles spécifiques sur l'ensemble du développement ultérieur peut n'être pas négligeable et entraîner à plus ou moins long terme un tableau évolutif composite, au sein duquel il devient difficile de dissocier les troubles primaires de leurs conséquences sur d'autres dimensions du comportement (troubles secondaires).

Une autre difficulté souvent évoquée est la faible fréquence des cas d'aphasie de l'enfant et leur caractère rapidement évolutif. Selon cette hypothèse, les neuropsychologues auraient manqué de matériel et l'étude de ce syndrome s'en serait trouvée ralentie. Cette affirmation remonte à Cotard (1868) qui soulignait que, quel que soit l'hémisphère atteint, les jeunes enfants hémiplégiques «ne présentent jamais d'aphasie et cela même quand tout l'hémisphère est atrophié». Ce constat mérite cependant discussion. Comme le soulignent Satz et Bullard-Bates (1981), si les causes les plus habituelles de l'aphasie de l'adulte (les troubles vasculaires et les tumeurs) renvoient à des étiologies nettement moins fréquentes chez l'enfant, il n'en reste pas moins que les cas de lésions unilatérales du cortex sont loin d'être exceptionnels chez l'enfant et que le constat de rareté des cas d'aphasie pourrait donc résulter davantage d'un manque d'attention ou de finesse dans les examens. Quant au caractère rapidement évolutif du syndrome que nous discuterons en détail dans ce livre, le moins qu'on puisse en dire pour le moment est que, si cette affirmation paraît confirmée par l'expérience clinique, elle ne semble guère pouvoir être étayée par les données de la littérature à disposition.

Par ailleurs, même si l'on accepte l'idée d'une rareté relative d'occurrence du syndrome, cela n'explique en rien la pauvreté des approches neuropsychologiques effectuées à ce jour. Après tout, il y a chez l'adulte des sémiologies bien plus rares (prosopagnosie, surdité verbale, dyslexie profonde ou de surface) sur lesquelles on a davantage écrit et expérimenté! On reste même surpris de n'avoir pas vu les neuropsychologues appliquer à l'enfant la stratégie des cas uniques qui a généralement prévalu en neuropsychologie adulte dans l'étude des sémiologies peu fréquentes[2].

Une autre lacune évidente dans ce domaine est l'absence d'approche expérimentale du langage des enfants aphasiques. Alors que, depuis une vingtaine d'années, chez l'adulte, les investigations de l'aphasie ont pris, sous la poussée de travaux menés en psycholinguistique, un ton résolument plus analytique et plus expérimental, chez l'enfant on s'est, pour l'essentiel, borné à recueillir des données sémiologiques au moyen d'examens cliniques standards. Ce retard dans les procédures mises en œuvre pour comprendre l'aphasie de l'enfant n'est bien sûr pas sans incidence sur notre ignorance actuelle.

Enfin, la pauvreté des données recueillies chez l'enfant dans le domaine de l'aphasie comme ailleurs en neuropsychologie, tient sans doute à l'influence négative exercée

---

[2] On assiste heureusement à un changement à ce propos; voir les travaux récents de Dennis (1980) et Yeni-Komshian (1977).

par les acquis obtenus chez l'adulte. Toute la neuropsychologie de l'enfant donne encore aujourd'hui l'impression d'être dominée par des considérations théoriques et des approches méthodologiques qui ont leur origine dans les tableaux sémiologiques recueillis chez l'adulte[3]. Les auteurs ont, en fait, peu décrit dans le détail les troubles rencontrés chez l'enfant, dans leur préoccupation d'indiquer surtout si ce qu'ils observaient ressemblait ou non à ce qu'ils connaissaient de l'adulte! Il en résulte que, pour l'essentiel, nos connaissances actuelles sont surtout de nature comparative. On sait par exemple que l'aphasie de l'enfant n'est pas identique à l'aphasie de l'adulte, qu'on n'y rencontre habituellement pas tel ou tel type de troubles présents chez l'adulte, qu'elle se rapprocherait, selon certains, de l'aphasie motrice, etc. Mais l'aphasie de l'enfant est rarement décrite de façon «positive», en référence au langage normal de l'enfant lui-même. En conclusion, on peut affirmer que, jusqu'il y a peu, la neuropsychologie de l'enfant est restée l'œuvre de neuropsychologues de l'adulte. Tenue à l'écart des travaux de psycholinguistique développementale, elle n'a guère fait l'objet d'études approfondies et expérimentales. A la rareté des données sémiologiques s'ajoute donc une carence dans la qualité des observations.

Ce constat général mérite cependant nuance, car au cours des vingt dernières années on a vu se développer les premiers signes indiquant la naissance d'une neuropsychologie développementale. En ce qui concerne le langage, l'émergence d'un courant développemental en neuropsychologie doit beaucoup à la synthèse théorique de Lenneberg (1967), mais aussi aux recherches plus récentes me-

---

[3] A cet égard, et non sans une certaine ironie, on peut rapprocher la neuropsychologie de la psychanalyse où, pendant de très nombreuses années, Freud et ses successeurs se sont contentés d'extrapoler pour l'enfant les découvertes faites chez l'adulte.

nées dans divers secteurs des neurosciences sur la maturation du système nerveux central. Comme on le sait, ce thème se double chez l'homme d'une discussion sur l'émergence progressive de fonctionnements spécifiques propres à chaque hémisphère cérébral. L'aphasie de l'enfant nous renvoie donc à deux problématiques essentielles : comment et selon quelle chronologie s'organisent les processus neurophysiologiques qui sous-tendent les conduites langagières (quel est dans cette évolution le rôle spécifique joué par chacun des deux hémisphères); et quel est le degré de suppléance possible des structures nerveuses, avant que le système nerveux central n'ait atteint un stade achevé de maturation, qui entraînerait une irréversibilité fonctionnelle ? Nous tenterons de proposer en fin d'ouvrage quelques éléments de réponse à ces questions, mais cela seulement après avoir accompli un parcours critique des données cliniques existantes.

Chapitre II
Symptomatologie orale

1. La réduction quantitative du langage oral

La prédominance des troubles expressifs, quelle que soit la localisation lésionnelle, en particulier la fréquence du «mutisme», demeure l'une des clés sémiologiques de l'aphasie de l'enfant et en constitue le trait distinctif le plus marquant par rapport à l'aphasie de l'adulte. En effet, le mutisme ne constitue chez l'adulte que l'un des éléments sémiologiques transitoires pouvant indiquer l'existence, dans sa phase initiale, d'une aphasie de Broca ou d'une aphasie globale. En outre, si, chez l'adulte, à l'importance et à la durée du mutisme initial correspond en général une aphasie sévère, la survenue du mutisme chez l'enfant paraît indépendante du degré de sévérité des signes aphasiques ultérieurs.

Par ailleurs, et toujours chez l'enfant, l'apparition d'une aphasie avec mutisme initial s'inscrit le plus souvent dans un complexe sémiologique particulier de réduction globale de toutes les activités expressives, gestuelles aussi bien que verbales. Cette extension de la sémiologie hors du langage peut rendre, au début, le diagnostic difficile à poser et il y aura lieu, dans l'établissement d'un diagnostic différentiel, d'évoquer d'autres causes non «aphasiques» au mutisme. Mais, comme nous le verrons dans ce chapitre, les descriptions de la littérature ne permettent pas toujours d'effectuer une différenciation entre mutisme «aphasique» et «non aphasique», ni d'ailleurs parfois entre un mutisme et une hypospontanéité de la parole.

a) Diagnostic différentiel: mutisme «aphasique» et «non aphasique»

De la même façon qu'une aphasie peut, chez l'enfant comme chez l'adulte, ne pas s'accompagner de mutisme, certains mutismes peuvent, au contraire, survenir dans un contexte non aphasique. En présence d'un enfant mutique, il faut donc éliminer la possibilité d'une suspension de la parole d'origine psychogène ou résultant d'une atteinte musculaire ou paralytique de l'appareil bucco-pharyngo-laryngé.

A cet égard se posent, avec le mutisme akinétique lié à une atteinte sous-corticale (lésion de voies en relations avec la commande supra-nucléaire des muscles phonateurs), d'épineux problèmes de diagnostic différentiel. Ce syndrome, apparaissant généralement au terme d'un coma profond, se caractérise alors par une réouverture des yeux à rythme nycthéméral, par la réapparition d'une très discrète motilité réflexe et par une aréactivité globale aux stimulations. Il s'agit d'un éveil «sans conscience», d'un «coma vigile» (Plum et Posner, 1966). Dans la récupération du mutisme akinétique, l'atteinte d'un meilleur niveau de motilité précède souvent la réinstallation de la parole. Ce tableau sémiologique est par conséquent fort semblable à celui de jeunes patients aphasiques présentant un mutisme et une réduction de l'expressivité gestuelle.

La distinction entre ces deux formes de mutisme n'est pas toujours clairement posée dans la littérature, et certains troubles qualifiés d'aphasiques survenant chez des enfants qui, au sortir du coma, ne parlent pas, ne dénomment pas, ne répètent pas et semblent ne pas comprendre, relèvent peut-être davantage d'un diagnostic de mutisme akinétique. La sémiologie de ces enfants qui, lors de la reprise de la parole, présentent en outre de petits troubles de l'articulation, pourrait fort bien signer une atteinte sous-corticale, en particulier lors d'atteintes traumatiques.

b) Diagnostic différentiel: mutisme et hypospontanéité du langage

Ces deux symptômes, le mutisme et l'hypospontanéité du langage, tous deux de fréquence élevée, paraissent assez souvent confondus par les auteurs qui utilisent les deux libellés de manière interchangeable. Cette indifférenciation sémiologique ne se justifie que si l'on considère les deux troubles comme appartenant au même continuum, le mutisme n'étant alors qu'une forme extrême d'hypospontanéité. Cette position interprétative paraît cependant prématurée et l'absence de corrélation, dans certaines séries, entre la durée du mutisme initial et l'importance ultérieure de l'hypospontanéité verbale plaiderait plutôt en faveur de mécanismes sous-jacents de nature différente. Enfin, rappelons, à titre d'information sémiologique, que dans le mutisme, il y a une véritable impossibilité d'émettre des sons, ceci même suite aux sollicitations les plus intenses et alors que le sujet tente manifestement de répondre, par exemple en mobilisant les lèvres. Tout au plus, en cas de «mutisme partiel», quelques grognements ou sons non significatifs peuvent-ils être émis.

Au contraire dans l'hypospontanéité du langage, encore appelée «absence d'incitation à la parole», l'enfant ne prend jamais ou très rarement l'initiative de la parole, mais des sollicitations intensives, répétées ou inattendues, peuvent amener des réponses, en général brèves et paucisyllabiques.

Lorsque les deux symptômes sont présents chez un même malade, l'hypospontanéité fait toujours suite au mutisme, et peut en outre persister à long terme pour constituer, au même titre que la réduction concomitante de la fluence verbale, une séquelle tardive de l'aphasie.

Il y a donc dans le mutisme impossibilité d'émettre des sons langagiers, dans l'hypospontanéité une difficulté d'émission.

c) Description du mutisme et de l'hypospontanéité

Différents auteurs s'accordent sur l'importance et la longue durée du mutisme, lors des atteintes d'origine vasculaire, et particulièrement chez les enfants les plus jeunes, où le mutisme est alors souvent qualifié de «perte totale» du langage (Nadoleczny, 1926; Basser, 1962; Lenneberg, 1967).

C'est également pour les enfants de moins de 10 ans qu'apparaît constante la survenue du symptôme qualifié par Guttmann (1942) «d'hypospontanéité du langage».

Un cas de mutisme vrai est analysé en détail par Guttman (1942). Il s'agit d'un enfant de 6 ans qui présente une atteinte traumatique frontale. L'enfant ne parle pas spontanément ni en réponse aux questions. Toutefois, il s'efforce de mobiliser les lèvres et la langue, mais sans arriver à émettre de sons. Il est cependant capable de désigner correctement et d'exécuter des ordres simples. Par conséquent, cet enfant qui n'a pas d'akinésie, puisqu'il réagit gestuellement et de façon adaptée à son environnement, et qui, en dépit de tentatives objectivables, ne peut émettre de sons, présente bien un mutisme. L'évolution du cas indique que, trois jours plus tard, les mots «oui» et «non» apparaissent à bon escient, et que huit jours plus tard, l'émission d'autres mots est redevenue possible.

Alajouanine et Lhermitte (1965) décrivent, pour leurs 32 cas, une réduction constante des activités verbales expressives. En outre, il y a aussi, selon ces auteurs, une inhibition psychomotrice globale avec non seulement réduction du langage oral mais aussi réduction des activités gestuelles et du langage écrit. Toutefois, l'inhibition orale peut être surmontée par des stimulations répétées, mais elle peut persister à long terme chez certains enfants: six mois après l'atteinte dans 16 cas et, dans 14 cas, plus d'un an après l'atteinte.

Le même tableau sémiologique est présent dans la série de Byers et Mac Lean (1962) qui montrent, chez huit enfants investigués complètement, une très importante réduction initiale du langage expressif et de la gestualité communicative supplétive. Toutefois, ces auteurs recommandant spécifiquement de ne pas inciter l'enfant à parler de façon trop précoce, il est par conséquent bien difficile de se prononcer sur la prévalence respective du mutisme ou de l'hypospontanéité dans cette série.

Pour Collignon et al. (1968), l'expression verbale spontanée est abolie au cours de la phase aiguë dans 10 des 12 cas décrits, tandis que la répétition l'est aussi dans 10 cas.

C'est également au cours de la phase aiguë que le mutisme est décrit par Hécaen (1976) dans 13 cas, c'est-à-dire pour 60 % des sujets examinés. La durée du mutisme s'étale de cinq jours à trois mois, et, dans neuf cas, il a succédé à un coma.

Dans la série de cas traumatiques de Assal et Campiche (1973), il y a une suppression de la parole dans 16 cas sur 18. Elle est en moyenne de 19 jours, avec une durée maximale de deux mois et suit habituellement une phase de coma. Deux étapes distinctes peuvent être clairement identifiées dans l'évolution de ce mutisme. Au cours de la première étape, l'altération du comportement est globale, avec non seulement une absence de langage mais encore une pauvreté motrice, une affectivité « mal modulée » et une réduction des contacts avec l'entourage. Au cours de la seconde phase, le contact avec les partenaires sociaux s'est rétabli, et deux tendances évolutives se manifestent alors.

- Pour un premier groupe d'enfants (9 cas), la reprise d'une motricité satisfaisante précédera celle de la parole et des tentatives de communication par l'utilisation de pantomimes ou de dessins vont réapparaître.
- Le second groupe, plus atteint sur le plan neurologique et ayant subi un coma d'une durée moyenne un peu plus longue, va présenter des désordres praxiques et des troubles importants de compréhension.

Dans cette série, la durée de la phase de suppression de la parole ne paraît liée ni à la longueur du coma ni à l'âge de l'enfant. Ainsi que le suggèrent ces derniers auteurs, la première étape de la phase de suppression de la parole pourrait en fait correspondre à un stade de mutisme akinétique transitoire. Ultérieurement, et avant l'apparition des signes aphasiques proprement dits, on observe une dissociation entre la persistance temporaire du mutisme ou de l'absence d'incitation verbale et l'amélioration du comportement global.

En conclusion, il y a donc un accord général sur la fréquence d'apparition du mutisme et de l'hypospontanéité verbale et sur la précocité d'apparition, dans le tableau post-lésionnel, de ces deux signes. De même, quand ils sont tous deux présents, le mutisme précède toujours l'hypospontanéité verbale. Les points plus controversés concernent la nature, aphasique ou non, du mutisme initial, et les rapports de durée entre le coma, le mutisme et l'hypospontanéité verbale.

2. Les troubles expressifs

Il y a unanimité dans la littérature sur la prédominance «expressive» des troubles du langage dans l'aphasie de l'enfant, souvent définie d'ailleurs comme une réduction générale des activités langagières.

Ce caractère de réduction ou «d'appauvrissement» est considéré par certains comme un retour à un stade antérieur de l'acquisition du langage. On a parfois également souligné le caractère non franchement «pathologique», c'est-à-dire non déviant, des symptômes. Si, pour certains auteurs, l'articulation est franchement dysarthrique, elle n'est, pour d'autres, que simplifiée. En ce qui concerne le lexique, certains parleront d'anomie véritable, d'autres évoqueront un simple «appauvrissement» du stock lexical. Enfin si, dans certaines séries, la syntaxe est présentée comme désorganisée avec agrammatisme, dans d'autres, elle est seulement qualifiée d'appauvrie avec retour à un stade développemental antérieur.

A l'extrême, plutôt que par la présence de troubles positifs, l'aphasie de l'enfant paraîtrait devoir être définie par un ensemble symptomatique négatif. Ce constat est d'ailleurs partiellement vérifié puisqu'on n'observe guère chez l'enfant certains des signes classiquement rencontrés chez les aphasiques «adultes» comme la logorrhée, les paraphasies, les persévérations et les stéréotypies. Ce caractère négatif des signes doit cependant être nuancé en fonction des séries, certains signes étant, selon les études, soit totalement absents, soit présents mais à un degré d'intensité moindre que chez l'adulte. De plus, lorsque certains signes positifs sont observés, ils ne s'inscrivent généralement pas à l'intérieur d'un syndrome systématisé évocateur des grandes aphasies «classiques» de l'adulte. Certains auteurs iront ainsi jusqu'à opposer la «monotonie» sémiologique de l'aphasie de l'enfant à la «richesse» des symptômes rencontrés chez l'adulte.

a) *Les troubles articulatoires*

Ces troubles sont décrits de façon quasi constante dans toutes les séries. Leur durée semble très variable, allant selon les cas de quelques jours à plusieurs mois (un à trois mois en moyenne). Leur fréquence élevée a été soulignée par Guttmann (1942) et, dans cette série, l'analyse détaillée d'un cas n'a pas montré de corrélation entre la récupération de l'hémiplégie concomitante rapidement régressive et l'intensité des troubles articulatoires qui ont persisté à plus long terme.

Tomkiewicz (1964) de son côté souligne, outre la présence de troubles « articulatoires » au sens large, la fréquence élevée de la désintégration phonétique. Ces troubles pourraient, selon cet auteur et contrairement aux opinions plus anciennes, persister à long terme.

Alajouanine et Lhermitte (1965) retrouvent une dysarthrie chez 22 des 32 cas de leur série; celle-ci est étroitement corrélée à la présence d'une hémiparésie, puisque cette dernière s'observe dans 20 de ces cas. Par contre, il n'y a pas de corrélation entre la survenue de la dysarthrie et la durée du mutisme initial. Pour ces auteurs, les caractères de la dysarthrie ne sont pas différents de ceux observés chez l'adulte. En effet, les éléments tant dystoniques que paralytiques du syndrome de désintégration phonétique s'y observent, isolément ou en parallèle. Ils sont relativement persistants et encore présents pour sept cas après six mois d'évolution. Ici aussi, la corrélation entre l'évolution de la dysarthrie et celle de l'hémiplégie semble négative, les séquelles hémiplégiques paraissant toutefois plus sévères et de plus longue durée, contrairement à l'observation de Guttmann.

Le syndrome de désintégration phonétique serait rare au contraire pour Collignon et al. (1968), puisqu'il n'apparaît que pour un cas dans la série de ces auteurs.

Hécaen (1976) observe des troubles articulatoires plus fréquemment que Collignon. Ils se rencontrent dans 12 cas, c'est-à-dire pour 80 % de patients, mais les troubles sont légers dans six cas et ne sont persistants que dans quatre.

Pour la série de cas traumatiques d'Assal et Campiche (1973), les signes véritablement « dysarthriques » paraissent rares. Pour les neuf cas dont l'évolution a été particulièrement favorable (récupération en une semaine), les auteurs ne signalent « d'articulation défectueuse » ou de « confusions de phonèmes » que dans trois cas. Il n'est pas fait mention de troubles arthriques chez les trois enfants écholaliques à évolution défavorable, tandis que pour quatre enfants qui présentaient des troubles importants mais moins sévères que les enfants écholaliques, une légère anarthrie est mentionnée.

Enfin, en ce qui concerne les cas « uniques » récemment détaillés dans la littérature, tous indiquent l'existence de difficultés articulatoires. Le cas de Pöhl (1979), une fois à même de répéter et d'émettre quelques mots spontanés, présente une dysarthrie. Le cas de Dennis (1980), examiné deux semaines après l'accident vasculaire, présente des troubles articulatoires, tant dans le langage spontané qu'en répétition. L'auteur décrit des omissions, des métathèses et des substitutions de phonèmes. Pour certaines émissions pathologiques, la distinction entre les troubles articulatoires et les paraphasies phonémiques n'est pas clairement soulignée. Les exemples cités de troubles « articulatoires » en situation de répétition sont les suivants :

tall → | tɔd |

notice → | totsis |

service → | dʒvis |

shoulder → | ʃodər |

Trois mois après l'accident, l'articulation s'est améliorée de façon spectaculaire. La prononciation des phonèmes isolés, mais aussi de certains groupes phonémiques est redevenue possible.

Métellus et Hatt (1980), qui analysent un cas de syndrome de Landau, constatent que les difficultés articulatoires y ont une forme pouvant évoquer aussi bien le syndrome de «désintégration phonétique» que la régression vers un langage «plus enfantin». Les phonèmes dits «complexes», où interviennent des facteurs tels que la tenue, la détente, la tension, sont modifiés dans le sens d'une transformation des constrictives en occlusives, d'un assourdissement des sonores, d'assimilations, etc. Quelques éléments de corpus sont fournis : |s, z, d, g| en position explosive sont omis ou remplacés :

ex. zèbre → |ra| gâteau → |rol| dos → |ko|

Il en est de même pour |l, v, s, z, w, b, g| en position implosive :

ex. cave → |ca| roux → |fo| bague → |banã|

On peut par ailleurs se demander s'il est réellement toujours possible d'opérer une distinction entre une régression «phonologique» à un stade infantile antérieur et la mise en évidence d'un syndrome de désintégration des phonèmes, analogue à ce que l'on observe dans l'aphasie motrice des adultes. Après tout, les deux sémiologies sont fort proches; c'est d'ailleurs sur cette proximité que Jakobson avait jadis opéré un rapprochement entre les désintégrations du langage dans l'aphasie et les stades évolutifs du langage enfantin (Jakobson, 1969).

Si aujourd'hui les thèses de Jakobson ont, en matière d'aphasie, quelque peu perdu de leur validité, c'est sans doute sur le plan de l'activité phono-articulatoire qu'elles gardent le plus de plausibilité. En effet, les phonèmes les plus difficiles à émettre pour les aphasiques moteurs sont précisément les phonèmes «complexes», acquis le plus tardivement au cours du développement phonologique de la petite enfance. Les observations qui insistent sur les ressemblances avec la dysarthrie adulte et celles qui parlent d'une «régression infantile de l'articulation» ne seraient par conséquent pas réellement contradictoires.

En conclusion, la fréquence des troubles articulatoires est soulignée par presque tous les auteurs et il semble aussi y avoir accord sur l'absence de liaison au niveau de l'évolution entre les troubles articulatoires et les troubles moteurs (hémiplégie). Les questions en suspens concernent le côté régressif ou positif de cette sémiologie, comme ses ressemblances et différences avec le syndrome de désintégration phonétique observé chez l'adulte.

b) Les troubles de la syntaxe

Ceux-ci sont difficiles à préciser sur base des données présentées dans la plupart des publications, et, ici aussi, il n'est pas simple de différencier ce qui relèverait d'une «altération» pathologique spécifique et d'un simple retour à un stade antérieur du développement syntaxique. En outre, «l'hypospontanéité verbale» pourrait, en tant que telle, suffire parfois à rendre compte de l'élision de mots de liaison ou de la production de réponses «monoverbales», décrites par certains comme évoquant le stade des «holophrases» du très jeune enfant. Ce n'est sans doute qu'à partir du moment où des emplois déviants d'articles ou de prépositions ou des utilisations inappropriées de formes verbales peuvent être montrés que l'on est véritablement en droit de parler d'agrammatisme ou de paragrammatisme.

Dans les séries de Basser (1962) et Lenneberg (1967), c'est particulièrement pour les très jeunes enfants (2-3 ans) que l'ordre de réapparition des morphèmes suit en quelque sorte les étapes normales d'acquisition, avec, en particulier, l'apparition d'holophrases. Guttmann (1942) souligne aussi le caractère «monoverbal» de l'expression lors de la récupération du mutisme, et décrit un style «télégraphique» particulièrement constant pour les enfants de moins de 10 ans.

Tomkiewicz (1964) parle, lui, d'un agrammatisme qui peut persister à long terme.

Pour Alajouanine et Lhermitte (1965), il s'agit davantage d'une «simplification» de la syntaxe que de déviances grammaticales. Selon ces auteurs, un «agrammatisme» analogue à l'agrammatisme de l'adulte ne s'observerait jamais, bien qu'un «certain degré d'agrammatisme» puisse toutefois être détecté, s'observant encore, pour quatre cas, après six mois d'évolution.

Dans les séries de Collignon et al. (1968) et Hécaen (1976), l'aspect de production phrastique n'est pas rapporté.

Les trois groupes de patients à lésion traumatique analysés par Assal et Campiche (1973) montrent tous un certain degré de difficultés de production syntaxique. Le groupe à évolution rapidement régressive a présenté, outre une dysprosodie, un léger agrammatisme défini par une expression par «mots isolés» ou phrases «très courtes». Le groupe à atteinte modérée a montré une dysprosodie et des «troubles de la syntaxe». Enfin, le groupe le plus gravement atteint, outre de l'écholalie et des persévérations, dénotait l'apparition de «mots-phrases».

Le cas décrit par Pöhl (1979) devient à même, quatre mois après son accident vasculaire, de juxtaposer un à deux mots et, après sept mois, les productions phrastiques sont plus longues mais gardent un caractère «télégraphique». Treize mois après l'accident, la grammaire est décrite comme «simplifiée».

Dans le cas de Dennis (1980), deux semaines après l'accident vasculaire, la production de phrases se situe à un niveau de 6 ans environ pour un âge chronologique de 9 ans 9 mois, niveau analogue à celui de la plupart des autres fonctions linguistiques investiguées. A trois mois de l'accident, tandis que nombre de paramètres du langage ont rejoint un niveau proche de la normale, les capacités d'expression syntaxique demeurent très altérées.

Exemples :
- « frog come » (grenouille venir) pour « the frog came » (la grenouille est venue);
- « someone is my bed » (quelqu'un est mon lit) pour « someone is in my bed » (quelqu'un est dans mon lit);
- « carry him bathroom » (le conduire salle de bains) pour « she carries him to the bathroom » (elle le conduisit dans la salle de bains).

Enfin, le cas de syndrome de Landau décrit par Metellus et Hatt (1980) présente, à certains moments de son évolution, un agrammatisme avec utilisation de verbes à l'infinitif et élision des mots de liaison. Un exemple; devant une image montrant un personnage traversant une rue : « Attention au monsieur la voiture ».

En conclusion, devant l'évidente pauvreté de ces descriptions et en l'absence d'approches expérimentales plus fines, il est difficile de se prononcer sur la nature des troubles. Tout porte à croire que la sémiologie observée est proche de l'agrammatisme rencontré chez l'adulte, mais rien ne permet de présupposer une analogie des mécanismes sous-jacents.

c) *Anomie et réduction du stock lexical*

Ces deux aspects — l'anomie et la réduction du stock lexical — quoiqu'à certains égards différents, ne sont pas toujours clairement distingués dans les séries. La « réduction du stock lexical » pourrait en effet, soit s'intégrer dans un complexe sémiologique plus large de « réduction des activités langagières » (l'enfant préférant ne pas parler ou dire qu'il ne sait pas plutôt que de s'engager dans une activité de dialogue), soit provenir d'un oubli, d'une perte véritable des mots comme cela s'observe dans le développement lexical normal (les mots mort-nés), ou encore résulter d'une stagnation dans l'apprentissage de mots nouveaux. Dans l'anomie, au contraire, le mot serait encore « stocké » mais le patient n'y a plus un accès aussi aisé qu'auparavant; le patient « sait qu'il sait » et constate ses difficultés par diverses interjections, ou utilise différentes stratégies de recherche faites tantôt d'approximations successives à caractère phonémique, tantôt de descriptions par l'usage.

C'est ainsi que les analyses d'Alajouanine et Lhermitte (1965) sont difficiles à interpréter. Ces auteurs décrivent dans tous les cas l'existence d'un « stock verbal réduit » survenant dans un contexte de réduction globale des activités expressives. Outre la nécessité d'encouragements répétés pour inciter l'enfant à parler, ils notent qu'il est souvent nécessaire d'initier la première syllabe du mot à retrouver ou de donner de petites phrases à compléter pour que l'enfant produise le mot. Ceci semblerait indiquer l'existence d'une réelle anomie, sensible aux indiçages phonologique ou sémantique, plutôt qu'une simple réduction du stock lexical. Ces auteurs soulignent d'ailleurs eux-mêmes que, six mois après le premier examen, six de leurs cas présentent encore des « difficultés d'évocation verbale ». Il peut par ailleurs sembler paradoxal que pour les 32 cas revus à plus d'un an de l'atteinte, le « vocabulaire » soit considéré comme normal ou supérieur à la norme, alors que 14 enfants présentent encore des difficultés à « définir les mots ». Les tests « psycholinguistiques » utilisés pour apprécier le vocabulaire ne sont malheureusement pas cités. Nous ne savons par conséquent pas si ce « vocabulaire » si bien conservé a été testé en situation de désignation ou de dénomination. Tout ce que nous pouvons en déduire, c'est que l'appréciation des compétences lexicales par les épreuves de définition indique l'existence de déficits pour plus de la moitié des sujets.

Collignon et al. (1968) insistent aussi sur la fréquence élevée de la «pauvreté du stock lexical» au cours de la phase succédant au mutisme.

Pour Hécaen (1976), les «troubles de la dénomination» affectent 46 % des cas et sont persistants dans trois cas, tandis qu'une «pauvreté lexicale» est notée ultérieurement pour tous et est en général soulignée dans les évaluations scolaires

Dans les cas les «moins gravement atteints» d'Assal et Campiche (1973), on note, au cours de la première semaine de récupération «ad integrum» que les «mots recherchés font parfois défaut». Le groupe avec atteinte modérée montre également des difficultés d'évocation verbale, tandis que ces dernières sont vraisemblablement masquées par les conduites écholaliques et la détérioration globale présentes dans le groupe à atteinte plus sévère. Il faut remarquer que l'un des cas les plus âgés de la série a une aphasie de caractère véritablement «anomique».

Pour Dennis (1980), les difficultés de dénomination rencontrées par son cas de 9 ans affectent aussi bien les présentations visuelles que les présentations tactiles. Le niveau de «vocabulaire» en dénomination se situe à un âge théorique équivalent à celui des autres variables linguistiques. Ces capacités d'évocation verbale paraissent avoir bien récupéré après trois mois d'évolution.

En conclusion, il semble bien exister des difficultés lexicales chez l'enfant aphasique mais il est parfois difficile de se prononcer sur la nature de ces troubles. Plusieurs hypothèses non contradictoires peuvent être avancées: réduction générale des activités expressives, perte définitive d'une partie du vocabulaire acquis, difficulté d'apprentissage de mots nouveaux ou simple difficulté d'accès au lexique. Notre ignorance actuelle quant à l'existence prépondérante de l'un ou l'autre de ces facteurs tient à la variabilité et à la pauvreté des observations. Seules des approches plus fines, combinant différentes méthodes (désignation, dénomination, analyse du langage spontané, définition de mots, etc.) et examinant systématiquement l'efficacité de différents processus de facilitation, pourraient clarifier les difficultés actuelles d'interprétation.

d) Variabilité des troubles expressifs selon l'âge, la localisation et la nature de la lésion

Nature de la lésion

En ce qui concerne la nature de la lésion, aucune conclusion vraiment significative ne paraît possible. Le meilleur pronostic de l'aphasie traumatique en particulier doit être pondéré par la notion d'étendue lésionnelle.

Nadoleczny, en 1926, soulignait la rapidité de la reprise du langage chez l'enfant pour les cas d'origine traumatique alors que le langage reste gravement altéré durant des années parfois dans les cas à étiologie vasculaire. Ce constat doit cependant être nuancé; ainsi, dans la série « traumatique » d'Assal et Campiche (1973), l'évolution ne semble favorable que pour les cas ayant subi un traumatisme léger se traduisant par des signes neurologiques d'accompagnement discrets; au contraire, dans les quatre cas où les signes neurologiques ont été particulièrement graves et les dégâts cérébraux étendus, l'évolution à long terme s'est révélée franchement défavorable.

Localisation lésionnelle

Pour Guttmann (1942), tandis qu'une certaine liaison entre les signes « réceptifs » et la localisation intrahémisphérique de la lésion paraît s'observer, il n'en va pas de même pour le mutisme et l'aspontanéité du langage, dont la présence paraît davantage liée au facteur d'âge.

Pour Alajouanine et Lhermitte (1965), mise à part la corrélation étroite entre l'apparition d'une dysarthrie et d'une hémiplégie, qui traduit sans doute une localisation antérieure des lésions, aucune autre conclusion ne paraît pouvoir être tirée. Collignon et al. (1968), quant à eux, n'observent pas de relation entre la nature des troubles expressifs et la présence d'un déficit moteur. Toutefois Hécaen (1976) montrera une relation positive entre les symptômes «expressifs» et la localisation lésionnelle. Le mutisme paraît plus fréquent dans les lésions antérieures, frontales ou rolandiques, tandis qu'il n'apparaît, pour les lésions temporales, que dans un seul cas, où coexiste par ailleurs une atteinte tronculaire. Il en est de même pour les troubles articulatoires, présents dans les quatre cas où la lésion est antérieure, tandis qu'ils n'apparaissent que dans deux des quatre lésions temporales, dont l'une est combinée à une atteinte du tronc. Les troubles de l'évocation verbale ne montrent pas de corrélation avec une localisation particulière. Enfin, dans la série de cas traumatiques d'Assal et Campiche (1973), une atteinte sous-corticale tronculaire influencerait la durée du mutisme, la durée de suppression de la parole paraissant plus longue lorsqu'il existe une atteinte concomitante du tronc cérébral.

Cette étude pose aussi le problème de l'origine «corticale» du mutisme et donc de son intégration symptomatologique à «l'aphasie», liée par définition à une lésion du cortex. Un examen attentif des données montre que, lorsque le tronc n'est pas atteint, la durée de suppression de la parole est plus longue pour les atteintes de l'hémisphère gauche (19 jours pour huit cas d'atteintes gauches) que pour celles de l'hémisphère droit (7 jours pour trois cas d'atteinte droite). Par contre, lorsque le tronc est également

ment touché, la duré du mutisme ne paraît pas plus importante pour les lésions hémisphériques gauches. Par conséquent, c'est seulement lorsque le tronc n'est pas atteint que le mutisme paraît plus étroitement lié à une lésion de l'hémisphère gauche et donc à une «sémiologie aphasique» vraie.

Rôle de l'âge

Dans les séries de Basser (1962) et Lenneberg (1967), en majorité «vasculaires» sur le plan étiologique, le rôle de l'âge est souligné. La durée de la perte du langage est de plus de six mois chez les enfants âgés de moins de 2 ans et, chez les très jeunes enfants, il y aurait en règle générale une perte totale de l'expression orale, la récupération s'effectuant selon des étapes analogues à celles de l'acquisition normale du langage. Lenneberg souligne aussi, après l'âge de 10 ans, la présence de symptômes évocateurs des aphasies de l'adulte.

Pour Guttmann (1942), l'hypospontanéité du langage est constante et au premier plan du tableau clinique chez les enfants de moins de 10 ans. Il en est de même pour la dysarthrie et le style télégraphique. Chez l'enfant plus âgé, le tableau initial est tantôt similaire à celui des enfants plus jeunes, tantôt au contraire caractérisé par une meilleure préservation du langage spontané. Un cas de cette série, âgé de plus de 10 ans, présente une aphasie très voisine d'une aphasie de Broca, mais à récupération plus rapide.

Dans la série d'Alajouanine et Lhermitte (1965), les différences liées à l'âge sont plus aisément interprétables car, pour les deux groupes d'âge envisagés, il y a un nombre équivalent de lésions traumatiques et vasculaires. Chez les enfants de moins de 10 ans (neuf cas), la réduction de l'expression spontanée est sévère, les troubles articulatoires fréquents et le syndrome de désintégration phonétique constant. Pour les enfants plus âgés (23 cas), les troubles articulatoires sont moins fréquents (13 cas sur 23) et la désintégration phonétique s'observe dans dix cas. Des paraphasies sont présentes chez sept enfants du groupe âgé, tandis qu'elles sont absentes chez les plus jeunes.

Dans la série de Collignon et al. (1968), la comparaison des symptômes expressifs en fonction de l'âge ne montre pas de différence significative entre les six cas âgés de moins de 10 ans et les six cas âgés de 10 ans et plus.

Pour Hécaen (1976), le facteur d'âge n'apparaît pas non plus se dégager et, en particulier, le seul cas de sa série qui présente des «paraphasies» n'est âgé que de 7 ans. Enfin, dans la série d'Assal et Campiche (1973), c'est davantage l'étendue lésionnelle que l'âge qui paraît déterminer les variations sémiologiques.

Conclusion

Il est bien difficile de dégager un tableau d'ensemble sur l'influence de l'âge, de la nature de la lésion et de la localisation lésionnelle. Tout au plus y a-t-il une tendance à observer davantage le mutisme et l'hypospontanéité chez les sujets plus jeunes, ainsi qu'une relation entre le siège antérieur de la lésion et certains signes expressifs. Les données à disposition sont insuffisantes pour permettre l'analyse isolée de chaque variable.

3. Les troubles de la compréhension

a) Importance et fréquence

La rareté des troubles de la compréhension dans la sémiologie de l'aphasie de l'enfant a été soulignée dès les premières descriptions de ce syndrome, en particulier par Bernhardt en 1885. La plupart des auteurs vont confirmer par la suite ces observations initiales, renforçant ainsi l'idée de la «singularité» sémiologique de l'aphasie de l'enfant, qui garde les traits d'une aphasie «antérieure», quelle que soit la localisation lésionnelle.

De plus, comme Pöetzl l'indiquait en 1926, dans les quelques cas où l'on a pu démontrer l'existence effective de perturbations de la compréhension, l'on ne retrouvait pas chez l'enfant, comme dans l'aphasie sensorielle de l'adulte, de logorrhée avec anosognosie. Certains auteurs, contrairement aux affirmations de Branco-Lefèvre (1950), vont cependant souligner le caractère non obligatoirement exceptionnel des troubles réceptifs.

Guttmann, par exemple, décrira en 1942 de façon assez détaillée trois cas d'aphasie chez l'enfant, où les troubles de compréhension paraissent au premier plan de la symptomatologie. Le premier cas est celui d'un garçon de 11 ans 1/2, atteint d'un abcès sous-dural temporal gauche récidivant, ayant nécessité de multiples interventions chirurgicales. Chez cet enfant, la réponse aux ordres, tant oraux qu'écrits, se caractérise par une grande lenteur de réaction, tandis que le langage oral est dit paraphasique et paragrammatique. Le deuxième cas, un garçon de 10 ans 1/2, montre, après un traumatisme de la mastoïde gauche, une anomie et des troubles de la compréhension. Le troisième cas enfin est celui d'un garçon de 12 ans qui présente des complications post-opératoires après la vidange chirurgicale d'un abcès. Le tableau sémiologique va comprendre une hémianopsie droite, des convulsions, un mutisme et une impossibilité à répondre aux ordres oraux, alors que les réponses aux incitations gestuelles paraissent mieux conservées.

Dans la série d'Alajouanine (Alajouanine et Lhermitte, 1965), les troubles réceptifs sont présents dans un tiers des cas (10 sur 32), mais ne paraissent sévères que pour quatre d'entre eux. L'absence de logorrhée est également soulignée par ces auteurs.

Byers et Mac Lean (1962) notent que les onze enfants de leur série présentent des difficultés dans les tests dits de « conceptualisation », où l'intervention d'un facteur de « compréhension verbale » paraît évidente. Bien que plusieurs enfants de cette série échouent également à d'autres tests de compréhension (non précisés), ils réussissent cependant tous les tests de désignation multicatégorielle d'après Schuell.

Dans l'étude de Collignon (Collignon et al., 1968), la compréhension est perturbée dans près de la moitié des cas (six cas) au cours de la phase aiguë (elle est abolie dans trois cas, très altérée dans trois autres). On notera que quatre de ces six cas sont âgés de plus de 10 ans.

Hécaen souligne également (1976) la présence de troubles de la compréhension dans un tiers des cas de sa série (6 cas sur 19), mais leur durée se limite essentiellement à la période aiguë.

Dans l'étude d'Assal et Campiche (1973), des troubles de la compréhension sont mis en évidence dans sept cas sur 18, alors qu'une reprise d'un niveau satisfaisant d'activité motrice s'était produite. Les troubles affectent les ordres semi-complexes et aussi, dans les cas graves, les ordres simples. Comparé au groupe dépourvu de troubles de la compréhension, le groupe avec troubles de la compréhension présente des signes neurologiques plus importants et une durée de coma légèrement supérieure (moyenne de 12 jours 12 heures contre 9 jours 2 heures). L'évolution ultérieure des cas avec troubles de la compréhension va se faire, d'après ces auteurs, selon deux modes différents :

1. Le premier mode d'évolution se retrouve chez trois cas âgés en moyenne de 5 ans 1 mois, pour lesquels les troubles de la compréhension avaient paru massifs au cours de la phase initiale de suppression de la parole. Chez ces trois sujets, l'expression orale se restructure difficilement.

On observe une période d'écholalie, suivie de véritables « mots-phrases », tandis que la régression des troubles de la compréhension s'effectue parallèlement à celle d'un trouble concomitant des praxies. Ce groupe montrera une évolution à long terme défavorable, débouchant, un an après l'atteinte, sur une détérioration intellectuelle globale.

2. Le deuxième mode d'évolution concerne quatre cas âgés en moyenne de 10 ans 6 mois. Chez ces enfants, les troubles de la compréhension et des praxies qui ont accompagné la phase initiale de suppression de la parole paraissent moins graves. La reprise de la parole est marquée par une difficulté d'évocation verbale, une dysprosodie, une légère anarthrie et des troubles syntaxiques. La régression des troubles de la compréhension et des praxies se fait assez rapidement. A plus long terme (recul d'un an), aucun de ces enfants ne présentera d'échec scolaire.

Dans la série, principalement rétrospective, de Woods et Teuber publiée en 1978, la compréhension n'est véritablement analysée que dans un cas, celui d'un garçon de 5 ans qui paraît avoir présenté également une jargonaphasie avec anosognosie transitoire. Deux jours après l'épisode aigu, cet enfant ne peut répondre aux questions orales ni désigner des images. Cependant, il s'exprime en « mélangeant » les sons et, par moments, ne paraît pas conscient de ce trouble. La compréhension s'améliore rapidement et, deux jours après l'atteinte, on note qu'il peut « réaliser les ordres simples mais non les plus complexes ».

Dans le cas récemment analysé par Pöhl (1979), un enfant âgé de 6 ans 1/2 présentera en phase aiguë une diminution temporaire de la compréhension, apparemment limitée à la désignation des parties du corps.

De même, le cas d'accident vasculaire cérébral chez une fille de 9 ans, examinée par Dennis (1980), montre, à deux semaines de l'épisode aigu, une atteinte non seulement expressive mais également réceptive. Les troubles de compréhension sont mis en évidence dans une épreuve de désignation d'objets et dans un test mesurant la compréhension syntaxique. A trois mois de l'épisode aigu, certains scores s'améliorent mais les réponses aux ordres complexes restent altérées. En outre, on observe pour ce cas un certain parallélisme entre l'altération expressive et réceptive. En effet, dans une épreuve métalinguistique confrontant l'enfant à la fois à ses propres énoncés déviants et à leurs correspondants corrigés, il existe des difficultés de sélection de l'énoncé correct.

Il convient de rappeler que dans un syndrome très particulier d'aphasie de l'enfant, le syndrome de Landau, les troubles de la compréhension sont non seulement présents, mais encore à l'avant-plan de la symptomatologie. Ce syndrome se caractérise par une atteinte bilatérale du fonctionnement cérébral dont la localisation maximale, détectée par l'EEG, se situe au niveau des aires temporales. Les signes majeurs de cette affection consistent en l'apparition, chez un enfant âgé le plus souvent de 3 à 6 ans, d'un trouble brusque ou rapidement progressif de la compréhension auditive, d'une intensité telle qu'il peut faire évoquer une véritable surdité. Le jeune enfant, qui avait connu jusque-là un développement langagier tout à fait normal, va manifester peu à peu une absence de réaction aux sons du langage, et éventuellement, de façon transitoire, également aux bruits de l'environnement. De rares crises épileptiques peuvent accompagner ces troubles réceptifs, les précédant, les suivant ou coïncidant avec eux selon le cas. Le langage expressif va se détériorer en quelques semaines, aboutissant à un jargon avec paraphasies, persistant ou plus transitoire, et pouvant in fine déboucher sur une réduction des émissions verbales, voire un mutisme.

En conclusion, et contrairement à ce que laissaient supposer les premières observations cliniques, les troubles de la compréhension chez l'enfant aphasique ne sont ni rares ni nécessairement mineurs. Finalement, ils forment le trait principal du syndrome de Landau.

b) Durée des troubles

Le caractère transitoire des troubles de la compréhension par rapport aux troubles expressifs est également souligné dans la majorité des études. Dans la série de Guttmann (1942), les troubles de compréhension régressent au cours d'une période s'étalant de quelques jours à quelques mois. Alajouanine et Lhermitte (1965) décrivent, six mois après l'épisode aigu, une compréhension «normalisée» sauf en ce qui concerne les tests réputés «les plus difficiles». On ne dispose, hélas, d'aucune précision sur la nature de ces tests.

Dans la série de Collignon et al. (1968), un seul enfant montrera une persistance des difficultés de compréhension, mais ce cas présente d'importants problèmes d'autotopognosie qui sont partiellement responsables des mauvais résultats obtenus aux tests utilisés. Selon cet auteur, chez les enfants de moins de 10 ans, l'amélioration des capacités de compréhension paraît coïncider avec celle des capacités expressives. Chez les enfants plus âgés, les améliorations observées aux pôles expressif et réceptif peuvent ne pas être parallèles, l'une pouvant précéder l'autre. Il n'existerait donc plus, à cet âge plus avancé, de relation significative entre l'existence initiale de troubles de la compréhension et le devenir expressif. Dans la série d'Hécaen (1976), les troubles de la compréhension, caractérisant essentiellement la phase aiguë, ne persistent que dans un seul cas qui présenterait un tableau d'aphasie globale résultant d'une atteinte hémisphérique massive. Nous avons vu que, pour les cas traumatiques décrits par Assal et Campiche (1973), le degré d'intensité des troubles initiaux de la compréhension paraissaient avoir une valeur quelque peu «pronostique», mais que ces troubles régressaient alors même que d'importants problèmes expressifs pouvaient persister. Dans la même direction, le cas de Pöhl (1979) montre, à quatre mois de l'épisode aigu, en dépit de la persistance de troubles graves du langage oral, une compréhension «pratiquement normalisée».

Le cas de Dennis (1980) indique, quant à lui, la persistance de troubles réceptifs après trois mois, ceci bien qu'il se soit produit de considérables améliorations sur le plan expressif ainsi qu'une amélioration de la compréhension pour les ordres simples et la désignation.

Le syndrome de Landau se démarque également des autres formes d'aphasie de l'enfant par la prolongation des troubles réceptifs et leur absence de récupération rapide. L'évolution est en général longue et défavorable. Les troubles de la compréhension restent importants durant des mois, voire des années. Si la réactivité aux sons réapparaît assez rapidement, les difficultés aux épreuves d'appariement de bruits ou de séquences musicales et les phénomènes d'agnosie auditive semblent plus persistants. Ces troubles gardent une importance telle que dans la série large et documentée de Worster-Drought (1971), cinq cas seulement sur 14, en dépit d'un quotient intellectuel non verbal supérieur ou égal à 100, seront aptes à suivre une scolarité normale.

Au total donc, les troubles de la compréhension paraissent plus transitoires que les difficultés expressives. Il reste que ce constat pourrait n'être que le reflet du caractère global des moyens mis en œuvre pour mesurer l'efficience de cette fonction. Le syndrome de Landau fait cependant exception et se caractérise par des difficultés plus marquées et plus persistantes de la compréhension auditive.

c) La diversité des méthodes d'évaluation

La comparaison des données anciennes et récentes indique cependant l'existence de contradictions qui, pour l'essentiel, résultent de la diversité des moyens de mesure utilisés pour appréhender la «compréhension verbale» de l'enfant aphasique.

Ainsi, à côté de travaux cliniques anciens, peu diserts sur le détail des méthodes mises en œuvre et qui concluent en règle générale à la durée réduite des troubles, des études plus récentes indiquent l'existence de troubles discrets mais persistants de la compréhension. C'est le cas notamment dans une étude de Woods et Carey (1979) consacrée aux séquelles tardives de l'aphasie infantile. Ces auteurs montrent en effet l'existence de difficultés à long terme, chez un groupe d'enfants aphasiques, au Token Test qui analyse l'influence de structures syntaxiques diverses dans les processus de compréhension. Dans la même direction, une étude d'Altman et Fisher (1977), sur deux cas de traumatismes cranio-cérébraux bénins, montre la sensibilité à long terme aux déficits aphasiques de tests verbaux fins, particulièrement ceux qui investiguent la mémoire verbale et ceux qui exigent des traitements syntaxiques réceptifs (à nouveau le Token Test). C'est également au Token Test que les performances du cas décrit par Dennis (1980) restent inférieures à la norme. Cet auteur observe cependant une évolution, puisque si, à deux semaines de l'atteinte cérébrale, les scores au Token Test accusent un retard de trois ans par rapport à l'âge chronologique, à trois mois de l'atteinte, seule la dernière partie du test (la plus complexe sur le plan syntaxique) est encore mal réussie.

Cette apparente contradiction entre les auteurs anciens qui soulignaient l'aspect transitoire des troubles et les données plus récentes qui montrent la persistance de séquelles, nous paraît résulter à la fois de la complexité et de la diversité des fonctions corticales regroupées sous le libellé général de « compréhension », mais aussi de l'hétérogénéité des moyens utilisés pour la tester, qui sont non seulement très divers selon les études, mais aussi souvent très inconstants dans une même observation.

La contradiction entre les études anciennes et récentes n'est d'ailleurs pas aussi importante qu'il peut sembler à première vue, puisque, dans beaucoup de séries « anciennes », il était souligné que, si la compréhension a en général bien récupéré à court terme, elle peut apparaître ultérieurement perturbée à des tests réputés « difficiles ». Les détails concernant la nature des difficultés offertes ne sont malheureusement généralement pas fournis. En fait, dans la plupart des cas, les tests sont ceux appliqués classiquement aux adultes aphasiques et ils n'ont pas fait l'objet d'une adaptation spécifique en fonction de l'âge de l'enfant.

Mais des problèmes méthodologiques existent aussi au sein d'une même recherche et il n'est pas rare de voir dans une même étude certains aspects de la compréhension, détaillés lors d'une première séance, ne plus avoir été investigués ultérieurement. Les auteurs semblent ainsi avoir postulé une récupération de la compréhension selon une loi de « complexité croissante », qui veut que si, à un deuxième examen, les ordres semi-complexes sont réussis, il devient inutile d'examiner les conduites de l'enfant aux ordres réputés « simples ». En procédant de la sorte, les auteurs se sont exposés aux pièges d'une vision trop élémentaire des facteurs de « complexité » intervenant dans la compréhension verbale, car les tests cliniques traditionnels ne permettent pas une analyse différentielle des divers processus mis en jeu dans les activités de compréhension (phonologie, syntaxe, sémantique, contexte verbal et non verbal, etc.). Et il n'est pas rare d'observer un enfant aphasique en difficulté à un énoncé réputé « simple » réussir les ordres dits « complexes » ou « semi-complexes ». On peut comprendre cette disparité en rappelant que, dans certains cas, un énoncé plus long et présentant une structure syntaxique formellement plus complexe est en fait plus facile à comprendre, parce que sémantiquement redondant ou parce que présenté dans un contexte où la connaissance du monde de l'enfant lui permet d'interpréter l'essentiel du contenu du message sur base d'un décodage sémantique n'opérant que de manière partielle.

Un autre élément intervenant dans l'appréciation des performances en compréhension et susceptible de compliquer la tâche des cliniciens, est le fait que la compréhension ne peut se mesurer (à l'exception de certaines situations métalinguistiques) que de manière indirecte : c'est sur base de la réponse de l'enfant qu'on repère la qualité de ses opérations de décodage. La majorité des épreuves de compréhension font ainsi appel à un mouvement du sujet : il s'agit, par exemple, de toucher, de désigner, de déplacer, bref d'accomplir une action motrice. Le trouble peut donc être situé au niveau de l'exécution de la réponse. Un trouble global du comportement moteur, comme l'hypokinésie, fréquemment présente lors d'un mutisme initial, ou un trouble plus limité des conduites motrices intentionnelles comme dans certaines apraxies, peuvent bien sûr influencer la réponse. Or, dans la majorité des études, c'est au cours de la phase aiguë que les troubles de la compréhension semblent les plus manifestes, ceci alors que la plupart des autres conduites langagières, et souvent aussi d'autres segments des conduites supérieures, sont également altérés. Dans un tableau aussi composite, il est souvent bien difficile de garantir la spécificité des troubles observés. Lorsque, par exemple, Woods et Teuber (1978) citent comme exemple de difficulté de compréhension le fait de «tirer la langue au lieu de souffler», il pourrait bien évidemment tout autant s'agir d'une apraxie bucco-linguo-faciale que d'une difficulté de décodage d'un ordre verbal. Dans d'autres cas, une perturbation de l'autotopognosie pourrait également interférer avec la réalisation d'ordres simples à semi-complexes dont l'exemple le plus souvent donné est du type «mets ta main droite sur ton oreille gauche». Le cas n° 1 de Collignon et al. (1968) par exemple montre une perturbation modérée de la compréhension, liée à des problèmes importants de somatognosie. Il s'agit du seul cas de la série pour lequel la récupération de la compréhension ne sera pas complète, et ce, précisément, en raison de la persistance des troubles du schéma corporel. Dans le cas de Pöhl (1979), l'appréciation des capacités de compréhension paraît également faire appel à l'autotopognosie, l'enfant échouant aux «épreuves de désignation des parties du corps».

Parmi les autres variables susceptibles d'intervenir dans l'examen de la compréhension verbale, nous soulignerons également le rôle possible de la mémoire verbale à court terme et de l'attention de l'enfant au moment de la présentation des énoncés. Cette éventualité pourrait être particulièrement forte face à certains ordres «complexes» utilisés classiquement en neuropsychologie, comme l'épreuve des «3 papiers de Pierre Marie» (cf. par exemple, Collignon et al., 1968). Cet énoncé exige la réalisation séquentielle d'ordres qui, pris individuellement, paraissent simples, la complexité de l'ensemble provenant de la longueur de l'énoncé et de la charge mnésique qu'elle suppose. En effet, un énoncé de ce type ne se prête guère à une réorganisation sémantique du matériel linguistique en vue de l'encodage en mémoire, avec concaténation en éléments «d'ordre supérieur». Chez l'enfant jeune, ceci peut entraîner, en dépit de la bonne compréhension possible des éléments individuels, une «saturation» en mémoire et, par conséquent, un échec à la réalisation.

Enfin, la compréhension adéquate des ordres complexes tels qu'utilisés en neuropsychologie de l'adulte peut, par ailleurs, faire appel à des traitements cognitifs plus ou moins élaborés et il n'est pas toujours évident qu'ils soient à la portée de l'enfant. Ici encore, il n'est pas toujours aisé d'apprécier, face aux erreurs commises, l'incidence de ces facteurs cognitifs. Byers et Mac Lean (1962), par exemple, décrivent pour tous les cas de leur série des déficits dans ce qu'ils qualifient de «capacités de conceptualisation». Les épreuves utilisées sont décrites comme étant du type «prends toutes les petites tasses roses». Comme les résultats à ces épreuves qui semblent faire appel à des capacités opératoires en relation avec les opérations d'inclusion et d'intersection de classes, ne sont pas confrontés à des épreuves de catégorisation non verbale, on peut se demander ce qui, dans les échecs, ressortit à un déficit opératoire plus général (i.e. aspécifique) et ce qui résulte d'un déficit limité de la compréhension verbale.

En fait, le seul test évaluant la compréhension et spécifique au domaine de l'aphasiologie appliqué à l'enfant par les anglo-saxons est le TOKEN TEST et ses différentes variantes. Ces tests, qui demandent à l'enfant d'accomplir, en réaction à des ordres oraux, différentes actions, présentent l'avantage de faire peu appel à la connaissance du monde de l'enfant et de réduire les indices situationnels au mieux puisqu'il s'agit de manipuler, selon des ordres de difficulté croissante, des jetons de 2 formes, de 5 couleurs et de 2 dimensions différentes (pour une revue d'ensemble sur les Token Tests, voir Boller et Dennis, 1979). Au niveau de l'analyse des erreurs, il est en outre possible de déterminer l'origine lexicale ou syntaxique des difficultés, enfin diverses standardisations ont été réalisées chez l'enfant aux Etats-Unis. Cette technique d'évaluation ne va cependant pas sans soulever de délicats problèmes méthodologiques et interprétatifs: le test est, outre aux déficits de compréhension, sensible aux désordres de concentration et d'attention, aux troubles de la mémoire à court terme et aux troubles visuo-perceptifs. Enfin, appliqué aux enfants, on peut regretter qu'il utilise sur le plan lexical les noms des formes géométriques qui sont acquis tardivement et ambigus sur le plan grammatical; qu'il présente de manière répétitive le même matériel et des consignes verbales fort proches (d'où monotonie de l'épreuve); enfin, qu'il accorde une trop grande importance aux prépositions locatives et temporelles. Par ailleurs son application en langue française sans standardisation préalable est prématurée, ce test étant sensible à l'appartenance socioculturelle des enfants (Noll et Lass, 1979). Intégré à un examen neuropsychologique complet et confronté à d'autres épreuves de compréhension, les Token Tests pourraient cependant s'avérer utiles dans le futur.

d) Problèmes de localisation lésionnelle

Chez l'adulte, il est classiquement admis que la compréhension est la plus altérée lors d'atteintes temporales postérieures (dans l'aphasie de Wernicke), tandis qu'elle est en général intacte ou modérément altérée dans les atteintes antérieures. De plus, les difficultés de compréhension semblent différentes dans ces deux groupes; surtout d'ordre sémantique dans l'aphasie de Wernicke, elles résulteraient de perturbations syntaxiques dans l'aphasie de Broca.

L'examen des séries d'aphasie de l'enfant sous l'angle anatomique ne laisse pas d'évoquer une organisation analogue. Pour Guttmann (1942), les troubles de la compréhension sont présents essentiellement lors d'atteintes temporales. Dans la série de Byers et Mac Lean (1962), les A.V.C.* sont caractérisés principalement par une atteinte du territoire sylvien et s'accompagnent de troubles transitoires de la compréhension. C'est aussi dans le territoire sylvien que se localise la lésion des cas de Pöhl (1979) et Dennis (1980). Pour la série de Collignon et al. (1968), reprise et étendue par Hécaen (1976), la liaison entre les

---

* A.V.C.: accidents vasculaires cérébraux.

troubles de la compréhension et l'atteinte temporale est forte également, sans être cependant biunivoque. Parmi les 17 cas avec lésion gauche, sur les six présentant un trouble de la compréhension, trois ont une atteinte temporale, la lésion n'ayant pu être précisée pour les trois cas restants. Enfin, trois autres cas d'atteinte temporale ne présentent pas de troubles de la compréhension. La localisation intra-temporale de ces cas n'est pas précisée (ce qui aurait été utile, étant donné que, chez l'adulte, ce sont surtout les localisations temporales postérieures qui montrent des difficultés de compréhension).

e) *Interprétation des données*

La majorité des études confirme le caractère de rareté relative, en comparaison avec l'adulte, des troubles de la compréhension chez l'enfant. Le caractère transitoire de ces troubles est cependant moins évident. Si des troubles sérieux, déjà décelables au niveau conversationnel, ne semblent persister que dans le syndrome de Landau, des déficits plus subtils pourraient persister ou devenir apparents, à plus long terme, lors d'examens différés.

Si la plupart des batteries anciennes de testing sont critiquables et difficiles à interpréter dans le détail, elles ne paraissent néanmoins responsables que d'erreurs «par excès», qui attribueraient à un trouble de «compréhension» des déficits comportementaux résultant de désordres praxico-gnosiques ou de limitation développementale dans les domaines mnésiques et/ou cognitifs. Une amélioration des instruments de mesure n'aurait donc pour effet principal que de réduire davantage encore la fréquence des troubles de la compréhension chez l'enfant.

Une tendance vers une prépondérance temporale des lésions responsables paraît s'esquisser, mais, si l'on excepte de rares cas comme celui décrit par Woods et Teuber (1978), cette localisation temporale ne paraît pas entraîner de jargons avec anosognosie comme cela se produit chez l'adulte. Un jargon transitoire est cependant constant dans le syndrome de Landau, de même que des troubles de la compréhension majeurs et persistants. Dans ce syndrome, les perturbations électro-encéphalographiques évoquent l'existence d'un processus pathologique temporal bilatéral. Les difficultés ou l'absence de récupération dans ce syndrome « bilatéral » viennent renforcer, en cas de lésion gauche unilatérale, l'idée d'une suppléance probable exercée par l'hémisphère hétérolatéral, où la récupération se ferait par la mise en jeu des zones homologues de l'hémisphère droit.

4. Symptomes plus rares: différences et similitudes avec l'aphasie de l'adulte

Au terme de cet examen des troubles dans la modalité orale, il nous faut encore dire un mot de quelques signes pathologiques présents dans la sémiologie de l'aphasie de l'adulte mais dont l'existence chez l'enfant ne fait pas l'unanimité.

Deux points d'accord existent cependant: d'une part, l'absence de logorrhée, même en présence d'un jargon, et d'autre part, la rareté de ce jargon, mis à part les cas de syndrome de Landau et le seul cas de jargon décrit par Woods et Teuber (1978) chez un enfant jeune atteint d'un A.V.C.

L'existence de paraphasies phonémiques ou sémantiques isolées est plus controversée. Pour Alajouanine et Lhermitte (1965), elles apparaîtraient chez les sujets les plus âgés (sept cas au-dessus de 10 ans). Mais Collignon et al. (1968) et Hécaen (1976) soulignent par contre la très grande rareté de ce signe. Assal et Campiche (1973) signalent cependant l'existence, dans le groupe à récupération rapide, d'enfants présentant des paraphasies phonémiques. Dans la même direction, Guttmann (1942) décrit des cas analogues récupérant rapidement et présentant, après atteinte postérieure, des paraphasies phonémiques. Quant au cas récent décrit par Dennis (1980), il a présenté des paraphasies à la fois phonémiques et sémantiques.

L'existence de stéréotypies et de persévérations n'est guère plus certaine. Toujours absents pour Alajouanine et Lhermitte (1965), ces signes auraient été observés par Byers et McLean (1962).

Enfin, la dissociation automatico-volontaire habituellement décrite chez l'adulte serait chez l'enfant moins nettement liée à l'état émotionnel ou aux variables du contexte.

En conclusion, s'il semble évident que des signes tels que la logorrhée, le jargon et les stéréotypies verbales sont moins fréquents chez l'enfant que chez l'adulte, il se pourrait néanmoins que de tels signes existent, mais de manière très transitoire. Deux variables mériteraient assurément attention: l'incidence de l'âge et la localisation des lésions.

5. Eléments de discussion

La prédominance «expressive» des troubles aphasiques chez l'enfant est attribuée par certains à l'absence de synchronisme dans la maturation neurologique des différentes aires cérébrales. Les fonctions ne s'altéreraient que lorsque leur support neuro-anatomique s'est suffisamment développé pour en permettre la «localisation». Et dans cette direction, certains auteurs, dont Bay (1975), notaient que les aires «réceptives» parviennent à maturation bien après les aires expressives. Cette conception peut être conçue comme une traduction au plan anatomique de l'idée d'une hiérarchie des fonctions linguistiques, développée notamment par Fröschels (1918), pour qui les aspects réceptifs du langage, nécessitant la mise en œuvre de mécanismes moins élaboré, seraient moins « complexes » que les activités expressives. De ce fait moins localisés dans le parenchyme cérébral, les mécanismes réceptifs seraient en conséquence plus résistants aux atteintes focales. Cette hypothèse est aujourd'hui contestée, en particulier par Dennis (1980), ceci au moins pour le dysgrammatisme. En effet, le cas décrit par cet auteur indique l'existence de déficits syntaxiques tant sur les versants expressifs que réceptifs.

Pour Woods et Teuber (1978), la prédominance de l'aspect expressif des troubles résulterait d'un biais de sélection lié au choix des cas avec hémiplégie unilatérale dans le but de ne rassembler que des lésions strictement unilatérales. Ce biais, existant dans la plupart des séries, entraînerait une sélection excessive de cas porteurs de lésions à localisation antérieure, ce qui pourrait expliquer la prépondérance des signes expressifs.

Toutefois, certaines observations d'un syndrome aphasique très particulier, le syndrome de Landau, vont en partie à l'encontre de cette supposition, démontrant que, même dans les atteintes réceptives postérieures, une phase de réduction expressive est la règle. Dans ce syndrome, où les troubles de la compréhension sont majeurs, la localisation des anomalies électriques responsables est temporale postérieure. Ces enfants jargonnent à certains moments et présentent plus de paraphasies et de persévérations qu'aucune autre forme d'aphasie de l'enfant. Néanmoins, en dépit de l'absence de tout signe neurologique, donc d'une hémiplégie, tous les enfants passent par une phase de réduction des activités expressives, de mutisme et de dysarthrie, dont la durée est souvent supérieure à celle du jargon. L'explication proposée est alors que, chez l'enfant, les conduites expressives, par défaut d'automatisme, sont davantage que chez l'adulte, liées au feed-back auditif. Les déficits de production seraient donc secondaires au trouble auditivo-verbal.

Une autre hypothèse avancée pour expliquer le mutisme ou l'hypospontanéité de la parole des jeunes enfants est d'ordre psychologique. L'enfant réagirait plus volontiers que l'adulte aux situations de stress par le repli ou le silence. L'intervention de facteurs psycho-affectifs est probable, et il est bien connu que des modifications d'environnement peuvent parfois suffire à «déclencher» la réapparition soudaine du langage. Toutefois, cette hypothèse n'explique pas l'ensemble du tableau et Alajouanine et Lhermitte (1965) ont avec justesse souligné qu'une situation aussi anxiogène que l'apparition d'une hémiplégie isolée n'entraîne pas de mutisme concomitant. De plus, les tenants de l'hypothèse psychogène du mutisme initial n'expliquent pas pourquoi le langage, une fois réapparu, se montre perturbé.

Une participation psychologique à «l'absence d'incitation à la parole» est cependant démontrée par les réactions, souvent agressives ou anxieuses, de nombre d'enfants aphasiques lorsqu'ils sont mis trop brusquement en situation d'examen linguistique. Il est en effet probable que la découverte par l'enfant de difficultés d'expression dont il n'avait pas perçu l'intensité en situation de mutisme, puisse l'amener à des réactions émotives proches de la «réaction de catastrophe» de l'adulte, et qu'il préfère alors se placer en situation d'évitement de la parole.

D'autre part, une certaine similitude formelle entre l'aphasie de l'enfant et un syndrome décrit par Stériade et al. (1961) sous le terme de «perte du mécanisme initiateur du langage» nous est apparue. Dans ce syndrome, les patients qui, au décours d'un coma, ont récupéré un niveau d'activité satisfaisant, répondent de façon paucisyllabique ou monoverbale et ne prennent pas d'initiative langagière. Les descriptions subjectives rétrospectives sont celles d'une grande lassitude, avec difficultés de mobilisation des organes phonateurs, accompagnées de difficultés d'accès lexical. Lors de la phase de récupération, le langage reste réduit et articulé avec lenteur. Les lésions responsables atteignent la voie cortico-sous-corticale qui joint la substance grise périaqueducale à certains centres thalamiques et à leurs projections frontales. Chez le jeune enfant, l'organisation fonctionnelle du cortex est encore en voie de maturation et ces mécanismes sous-corticaux « initiateurs du langage » pourraient avoir une influence plus marquée.

Chapitre III
Les troubles du langage écrit

Chez l'adulte déjà, et davantage encore chez l'enfant, le langage écrit est moins automatisé que le langage oral. D'acquisition plus tardive et surimposé au langage oral, le langage écrit résulte en outre d'un apprentissage systématique et s'acquiert le plus souvent dans un milieu particulier : l'école. La maîtrise plus tardive du code écrit a entraîné différents auteurs (Fröschels, 1918; Alajouanine et Lhermitte, 1965) à proposer une loi de «hiérarchisation», selon laquelle les activités linguistiques écrites seraient plus sensibles à l'atteinte cérébrale que leur correspondant oral. C'est dans ce contexte que des auteurs comme Branco-Lefèvre (1950), Alajouanine et Lhermitte (1965) signalent la grande fréquence des troubles du langage écrit dans l'aphasie de l'enfant et leur caractère souvent durable. Mais tous les travaux ne confirment pas ces observations princeps et la littérature disponible contient des cas d'évolution discordante où, contrairement à la loi de «hiérarchisation», les troubles du langage écrit soit sont d'emblée moins importants, soit récupèrent mieux que les désordres existant dans la modalité orale.

Il est en fait bien difficile aujourd'hui de se prononcer plus avant sur la nature des troubles dans la modalité écrite, sur leur fréquence et sur leur durée. Il y a à cela deux raisons essentielles : la rareté des observations (qui tient pour une part au fait que les perturbations du langage écrit ne sont observables que lorsque son apprentissage a commencé) et leur caractère peu exhaustif. Nous présenterons et discuterons les quelques données à disposition en distinguant, comme dans la modalité orale, les activités expressives et les activités réceptives.

1. Les activités expressives (l'écriture)

a) Sémiologie

Si l'on excepte quelques notes cliniques présentées de manière anecdotique, de toutes les études consacrées à l'aphasie de l'enfant, trois seulement examinent les activités écrites de manière un tant soit peu systématique, au moins sous l'angle quantitatif : Alajouanine et Lhermitte (1965), Collignon et al. (1968) et Hécaen (1976).

Dans la série d'Alajouanine et Lhermitte (1965), les troubles de l'écriture sont toujours présents. Ils sont décrits comme sévères dans plus de 50 % des cas (19 sur 32) : l'écriture copiée et sous dictée est abolie. Dans huit cas, l'écriture copiée seule est possible et dans les cinq cas restants, les auteurs notent de la dysorthographie à l'écriture sous dictée. Contrairement aux troubles développementaux de l'écriture, ces désordres du code écrit refléteraient les désordres présents au niveau de l'output verbal. Chez les enfants plus âgés (de 13 à 15 ans), on observerait même des jargonagraphies. Les données présentées par Collignon et al. (1968) permettent de distinguer l'écriture sur ordre (nom, prénom, adresse) et l'écriture spontanée, dictée et copiée, mais ne portent que sur neuf cas de la série. Dans quatre cas, l'écriture paraît abolie ou complètement perturbée pour toutes les épreuves administrées; dans deux cas, elle semble très perturbée et dans un cas, seule l'écriture spontanée paraît poser des difficultés. Les deux cas restants n'ont été que partiellement examinés et présentent des troubles, moyens à forts, de l'écriture sous dictée. Il est cependant bien difficile de se faire une idée précise de la nature des troubles, car l'échelle d'évaluation proposée (écriture légèrement - moyennement - fortement - complètement perturbée et abolie) ne nous permet, a posteriori, aucune analyse des troubles. On notera cependant que pour quatre enfants présentant une écriture « abolie » sous toutes ses formes, on retrouve en quelque sorte une situation analogue au mutisme décrit sur le versant oral expressif. Par ailleurs, ces auteurs présentent quelques illustrations des productions écrites des différents enfants. On y découvre des gribouillis, des difficultés graphiques liées à la parésie de la main droite, des éléments apraxiques, mais aussi plus spécifiquement des omissions de mots, des paragraphies sémantiques, phonémiques et graphémiques, des néologismes, une véritable jargonagraphie et des éléments d'agrammatisme. Enfin, dans la série d'Hécaen (1976), l'écriture semble aussi le trouble le plus fréquent, puisqu'il est présent dans 86 % des cas observés. Une dysgraphie isolée est décrite dans trois cas de lésion droite.

Il est bien difficile, au moyen de ces seules données, de se prononcer sur un effet éventuel de l'âge d'apparition de l'aphasie sur la fréquence et la nature des troubles de l'écriture. Selon Collignon et al. (1968), il n'y aurait aucune différence de fréquence selon l'âge (groupe d'enfants de plus de 10 ans comparé à ceux plus jeunes) mais les échantillons sont très faibles : six et trois cas respectivement. Dans la série d'Alajouanine et Lhermitte (1965), il semble au contraire que les troubles soient plus marqués chez le groupe d'enfants de moins de 10 ans. Au niveau du tableau initial, le seul constat général qu'on puisse évoquer est donc la très grande fréquence des troubles de l'écriture — ce qui est aussi observé par Byers et MacLean (1962) et noté incidemment par Franco-Lefèvre (1950) et Guttmann (1942).

Un second point d'accord semble le caractère relativement persistant des troubles. Ainsi, sur les 24 cas examinés par Alajouanine et Lhermitte (1965) six mois après l'atteinte cérébrale, cinq cas seulement sont redevenus normaux, 14 enfants restent dysgraphiques et l'écriture n'est pas réapparue dans trois cas. Lorsque ces enfants seront revus plus tard, 14 cas montrent encore des éléments de dysorthographie. De même, Hécaen (1976) souligne la persistance des troubles de l'écriture dans plus de 50 % des cas (mais sur une période d'observation non précisée).

En ce qui concerne l'évolution des troubles et l'existence ou non d'un parallélisme avec la récupération du langage oral, on dispose de bien peu de données. Selon Collignon et al. (1968), le début de la récupération des troubles de l'écriture se fait sensiblement en même temps que le début de la récupération de l'expression orale. Mais certains cas publiés ne paraissent pas en faveur d'un tel parallélisme : par exemple, Assal et Campiche (1965) décrivent un cas d'aphasie légère survenue à l'âge de 10 ans 6 mois accompagnée d'une agraphie-alexie quasi complète, qui semble persister deux ans plus tard alors que le langage oral s'est bien amélioré. De même, Alajouanine et Lhermitte (1965) considèrent qu'en comparaison avec l'expression orale, la récupération de l'écriture apparaît « considérablement différée ».

Notons enfin qu'il n'existe aucune description détaillée des étapes de la récupération et que Byers et Mac Lean (1962) signalent l'existence de cas à récupération quasi instantanée dans la modalité écrite.

b) Eléments de conclusion

De ces données fragmentaires et souvent trop peu analytiques, il semble possible de retenir au moins deux choses : la très haute fréquence des troubles de l'écriture chez l'enfant et le caractère relativement persistant des troubles, au moins sous la forme de séquelles dysorthographiques. Mais bien des questions restent ouvertes, parmi lesquelles nous soulignerons l'incidence des troubles sensori-moteurs (hémiparésie, hémi-anesthésie et astéréognosie) du membre supérieur droit et des troubles visuels (agnosie, hémianopsie). Si l'on trouve dans certaines des études citées plus haut quelques remarques à ce propos, elles restent anecdotiques et aucune analyse corrélative ne peut être entreprise. On rencontre les mêmes difficultés d'interprétation dans les questions relatives à la nature des troubles : sont-ils, comme semblent le suggérer par moments Alajouanine et Lhermitte (1965), un retentissement sur le code écrit des désordres repérés dans la modalité orale, ou présentent-ils déjà un caractère spécifique ? Quelles sont les ressemblances et les différences entre ces troubles observés chez l'enfant et ceux décrits chez l'adulte ? Toutes ces questions restent aujourd'hui largement sans réponse.

2. Les activités réceptives (la lecture)

a) Sémiologie

Ce sont à nouveau les travaux des auteurs de langue française (Alajouanine et Lhermitte, 1965; Collignon et al., 1968; Hécaen, 1976) qui nous serviront de guides pour les repères quantitatifs.

Dans la série d'Alajouanine et Lhermitte (1965), les troubles de la lecture sont fréquents, mais nettement moins que ceux de l'écriture. Les troubles de la lecture, qui touchent plus de 50 % des enfants (18 sur 32), semblent variables et les auteurs distinguent d'une part des cas où la lecture est sévèrement perturbée ou impossible et où le trouble toucherait de manière égale les lettres, les syllabes et les mots, d'autre part des cas où l'alexie porte surtout sur les lettres avec une plus grande facilité à lire les mots. Ce fait intrigue les auteurs, qui y voient une différence entre l'alexie aphasique de l'adulte et celle de l'enfant. Cette dissociation lettres-mots, bien qu'insuffisamment détaillée, n'est toutefois pas sans évoquer la sémiologie de la dyslexie profonde[1].

Dans la série de Collignon et al. (1968), l'examen de la lecture comporte sept sous-tests (lecture de lettres et syllabes, de mots, de phrases, d'un texte; réponses aux ordres écrits, correspondance mots-images, lecture de l'horloge). Il n'y a cependant que quatre cas ayant subi au moins cinq de ces sept tests: un cas présente une lecture normale, trois une lecture abolie ou sévèrement perturbée. Dans cette série, aucune dissociation n'apparaît entre, par exemple, la lecture des lettres et syllabes et celle des mots. Le cas n° 1 de cette série a présenté cependant une difficulté plus marquée pour la lecture que pour l'écriture, associée à une «agnosie visuelle» pour les couleurs. Cet ensemble de signes pourrait évoquer l'alexie sans agraphie de l'adulte.

Dans les quinze cas d'enfants droitiers présentant une aphasie suite à une lésion hémisphérique gauche, Hécaen (1976) relève des troubles de la lecture pour neuf cas. Ceux-ci sont donc moins fréquents que les troubles de l'écriture et ils seraient rapidement résolutifs. Mais cet auteur décrit aussi le cas de troubles persistants de la lec-

---

[1] Une observation incidente de Guttmann (1942) va dans le même sens. Cet auteur signale en effet, chez un enfant, une plus grande difficulté à lire les mots courts que les mots longs (jugés plus complexes par l'auteur), mais un des exemples de mots courts concerne un pronom! Cet enfant lit cependant correctement les lettres isolées.

ture chez une enfant atteinte d'une lésion postérieure bilatérale.

Le cas de Dennis (1980) montre, quant à lui, une relative préservation du langage écrit. La batterie utilisée (Spreen-Benton) investigue les équivalents pour le langage écrit des fonctions analysées dans le langage oral (lecture orale de noms d'objets, lecture orale de phrases et réalisation d'ordres écrits, dénomination visuo-graphique, etc.). A deux semaines de l'accident, tandis que l'écriture n'avait guère montré d'altération, la lecture à voix haute est principalement perturbée par les troubles articulatoires. En outre, une influence nocive de l'output oral est constatée par la détérioration des scores de réalisation des ordres écrits en lecture à voix haute par rapport à leur réalisation en lecture silencieuse. Mais trois mois après l'atteinte, la lecture est redevenue normale.

b) Eléments de conclusion

Face à d'aussi rares données sémiologiques, il est bien sûr difficile d'aller plus avant dans le commentaire. Faut-il accepter l'idée d'une meilleure récupération de la lecture comparée à l'écriture, ou faut-il incriminer un biais de sélection : prédominance possible dans les séries d'atteintes antérieures avec pour résultat la nécessité dans certains cas d'un réapprentissage de l'écriture à la main gauche ? Quelle est l'incidence sur les troubles de la lecture de variables telles que le déficit visuel ou l'agnosie visuelle ? Comment interpréter certaines observations anecdotiques de Byers et Mac Lean (1962) par exemple, qui décrivent le cas d'une enfant de 8 ans, gauchère, trouvée en train de lire un livre avec intérêt, 24 heures après son accident cérébral, alors qu'elle ne s'exprimait encore que par gestes ? S'agit-il d'une récupération soudaine de la lecture, ou cette enfant était-elle simplement en train de regarder un livre d'images ? On n'a en fait guère d'informations sur l'existence d'éventuels gradients de récupération. Certes, Alajouanine et Lhermitte (1965) décrivent une récupération partielle de la lecture chez la moitié des cas examinés six mois après l'atteinte. Cette récupération serait plus lente chez les enfants en dessous de 10 ans et suivrait les étapes «normales» de l'apprentissage: lettres, syllabes et mots. Mais les auteurs signalent en même temps que ce fut aussi l'ordre dans lequel la rééducation a été effectuée! Il est donc bien difficile de considérer qu'il s'agit là d'un ordre spontané de récupération!

En fait, face à l'écrit, on se trouve confronté à une sorte de vide sémiologique. Il est évident que des troubles existent; il est non moins clair qu'ils sont fréquents et souvent importants; mais on n'a aucune idée précise quant à la nature de ces troubles, quant à leur récupération et quant aux éventuelles variables associées: âge du patient, localisation et nature de la lésion. Les moyens d'investigation utilisés ne sont pas décrits, les performances lexiques prélésionnelles ne sont pas précisées. De plus, lorsque certains paramètres ont été analysés, ils renvoient aux critères habituellement pris en compte dans la classification classique des alexies de l'adulte (littérale, verbale, phrastique, etc.). On peut penser qu'un peu de lumière pourrait être apportée dans ce domaine en procédant d'abord à une analyse qualitative des erreurs de lecture et d'écriture commises par les enfants en s'inspirant dans un premier temps de l'approche mise au point chez l'adulte par Marshall et Newcombe (1966, 1973), il y a dix ans bientôt, et qui a complètement renouvelé l'approche théorique et sémiologique des troubles lexiques.

Chapitre IV
Symptomes neuropsychologiques associés et devenir scolaire

Mise à part l'acalculie, qui paraît dans certaine séries quasi constante, la pauvreté des signes neuropsychologiques accompagnant l'aphasie chez l'enfant contraste avec les descriptions chez l'adulte. Mais pauvreté ne signifie pas inexistence et, dans ce chapitre, nous décrirons en les commentant les principaux signes relevés dans la littérature.

1. Acalculie

Contrairement à l'adulte aphasique, chez qui la lecture des chiffres est souvent mieux préservée que celle des lettres ou des mots, chez l'enfant, la lecture des chiffres ne paraît qu'occasionnellement respectée (Guttmann, 1942; Byers et McLean, 1962). Ainsi dans la série de Collignon et al. (1968), sur les huit cas suffisamment âgés pour qu'il puisse y être exploré, le calcul est perturbé dans quatre cas et non investigué pour les quatre autres cas. Une tendance à l'atténuation de l'acalculie s'observe à long terme, et le calcul semble normalisé après une période variant de un à quatre ans. Des troubles différés d'apprentissage pourraient cependant exister, et un cas de cette série, trop jeune pour être testé au moment de l'atteinte, a présenté des difficultés ultérieures d'apprentissage des mathématiques. Selon Hécaen (1976), l'acalculie est l'un des signes associés les plus fréquents, relevé dans 11 des 15 cas de lésion gauche. Sont perturbés tout à la fois: la réalisation des opérations, le calcul écrit, et peut-être encore davantage le calcul mental. Ces difficultés (erreurs ou défaut de réalisation) sont durables dans trois cas. Par ailleurs, un bon niveau de compétence prélésionnelle ne met pas à l'abri des troubles, puisqu'un enfant auparavant doué pour les mathématiques est en difficulté après l'atteinte cérébrale.

Ces données contrastent cependant avec celles présentées par Alajouanine et Lhermitte (1965). Ces auteurs observent en effet au niveau du suivi scolaire, des difficultés essentiellement dans les branches «linguistiques», tandis que les mathématiques offriraient moins de difficultés. Même s'il est possible de contester l'absence de facteurs linguistiques en mathématiques, ces données sont en faveur d'une régression rapide de l'acalculie.

En conclusion, l'acalculie paraît fréquente chez l'enfant aphasique, mais on ne dispose guère de renseignements sur la nature des troubles (difficultés opératoires, difficultés de transcodage, troubles agnosiques, etc.). Rien ne nous permet de nous prononcer sur ces questions, bien que les remarques d'Hécaen (1976) plaident en faveur de l'existence de troubles à plusieurs niveaux différents.

2. L'apraxie bucco-linguo-faciale

Elle paraît rare, présente dans un cas de la série de Collignon et al. (1968) et dans deux cas chez Hécaen (1976) (dont un cas d'atteinte frontale postérieure), et de nature essentiellement transitoire. Enfin, on la retrouve aussi, mais occasionnellement, dans le syndrome de Landau.

3. L'apraxie gestuelle idéatoire ou idéomotrice

Elle n'est pas toujours clairement distinguée de la réduction globale des activités expressives avec réduction gestuelle et pantomimique.

Alajouanine et Lhermitte (1965) insistent sur l'inhibition de l'activité gestuelle chez l'enfant. Un tel tableau serait par conséquent plus proche d'une akinésie que d'une apraxie vraie avec désorganisation des gestes. Pour ces auteurs cependant, de vrais troubles praxiques pourraient exister. Il seraient alors relativement persistants, puisqu'on les retrouverait après plus d'un an d'évolution chez six cas sur huit ayant présenté une évolution particulièrement défavorable.

Dans la série de Byers et McLean (1962), tant l'activité gestuelle que la compréhension des gestes paraissent perturbées, et ceci pour la plupart des cas. Au contraire, chez Collignon et al. (1968), aucun cas n'a présenté d'apraxie vraie, idéomotrice ou idéatoire. Enfin, selon Assal et Campiche (1973), les désordres praxiques seraient fréquents pour les cas les plus graves et un parallélisme évolutif existerait entre la pathologie gestuelle et les troubles de la compréhension. Au contraire, dans le groupe à récupération rapide, on ne rencontre pas de troubles praxiques (ni d'ailleurs de troubles de la compréhension verbale) et ces enfants auraient volontiers recours à une forme de communication gestuelle supplétive quand l'output verbal fait défaut.

4. L'apraxie constructive et les troubles des gnosies visuo-spatiales

Guttmann (1942) avait déjà indiqué l'existence de difficultés, au moins dans la phase aiguë, à des tests ayant une composante visuo-spatiale (cubes de Kohs et matrices de Raven). Ces difficultés semblaient cependant transitoires (alors que les signes neurologiques restaient présents). Alajouanine et Lhermitte (1965) distinguent dans leur étude un aspect «visuo-moteur» ou praxique et un aspect «visuo-perceptif» ou gnosique. Pour ces auteurs, une différence dans la répartition des troubles se dessinerait en fonction de l'âge: perturbation praxique constante chez les enfants de moins de 10 ans, perturbation davantage gnosique chez les plus âgés. Après un an d'évolution, on trouve aux cubes de Kohs de la WISC* des scores redevenus normaux, alors que d'autres subtests également saturés en facteur G restent déficitaires (arithmétique et arrangement d'images).

Dans la série de Byers et McLean (1962), tous les enfants ont présenté en phase aiguë des perturbations dans la sphère «visuo-spatiale», avec difficultés dans la manipulation selon modèle de blocs et dans des tâches d'encastrement. Ultérieurement, alors que l'expression orale est redevenue normale, les troubles visuo-spatiaux persistent dans un tiers des cas et semblent responsables de certains échecs scolaires. Pour Assal et Campiche (1973), l'apraxie constructive aurait une évolution parallèle à celle des autres praxies gestuelles. Dans les séries de Collignon et al. (1968) et Hécaen (1976), où de véritables examens neuropsychologiques sont pratiqués, la rareté de l'apraxie constructive est au contraire soulignée : trois cas dans la série de Collignon, un seul cas sur les 17 lésions hémisphériques gauches d'Hécaen. De plus, dans ce cas d'Hécaen,

* WISC: Weschler Intelligence Scale for Children (Echelle d'Intelligence de Weschler pour Enfants).

l'apraxie constructive survient alors qu'il n'y a pas de troubles aphasiques. Collignon quant à lui examine d'autres performances gnosiques. On relève aussi dans son travail : un cas avec perturbation importante de la somatognosie, deux cas d'agnosie visuelle des couleurs, trois cas de troubles de la reconnaissance d'images complexes dont un aurait aussi une agnosie des objets[1].

5. Complexes syndromiques ?

A côté des troubles isolés que nous venons de rappeler, on peut s'interroger sur la possibilité de rencontrer chez l'enfant comme chez l'adulte certaines constellations de symptômes. Cela ne semble guère être le cas. Notons cependant deux cas de Collignon et al. (1968) qui montrent une perturbation hémianopsique ou quadranopsique associée à une agnosie des couleurs et dans un cas à des troubles de lecture. Dans la série d'Hécaen (1976), un cas d'acalculie seulement est associé à une apraxie constructive, un autre à une agnosie digitale. Au vu de ces quelques faits épars, on est donc fort loin des associations sémiologiques fréquemment rencontrées chez l'adulte.

6. Eléments de conclusion

Bien que les données à disposition soient de valeur très inégale, il semble que les troubles instrumentaux non linguistiques soient peu fréquents et peu importants dans les aphasies de l'enfant. On doit cependant regretter que, dans la plupart des travaux, l'investigation de ces troubles ait

---

[1] La nature de ce dernier trouble peut cependant être contestée, car cet enfant, incapable de désigner des objets sur ordre, est à même de les apparier sur base intramodale. Il s'agit donc sans doute d'un trouble davantage sémantique que proprement agnosique.

pris un tour résolument psychométrique. Le fait d'utiliser des épreuves comme les Matrices de Raven, les cubes de Kohs, ou de choisir comme indice le Q.I.P.* à la WISC, n'est assurément pas le meilleur moyen de cerner l'existence de tels troubles. Certes, en cas de résultats normaux à ces épreuves, on peut soupçonner l'absence de troubles praxico-gnosiques sérieux, mais en cas de déficits, la nature de ces derniers reste entièrement à préciser. A ce point de vue, les recherches les plus récentes sur cas uniques de Pöhl (1979) et Dennis (1980) sont aussi contestables au plan méthodologique que les travaux plus anciens.

Enfin, la relative épargne des fonctions non linguistiques se retrouve aussi dans le syndrome de Landau où, bien que l'atteinte soit supposée postérieure et bilatérale, les résultats aux sous-tests «non verbaux» de la WISC ou du Terman sont en règle générale normaux.

7. Le devenir scolaire des enfants aphasiques

Si la récupération de l'expression orale paraît le plus souvent satisfaisante chez l'enfant, il est aussi apparu d'emblée que ce pronostic favorable de l'aphasie devait être tempéré par l'apparition possible de difficultés scolaires ultérieures. Tomkievitz (1964) a particulièrement insisté sur ce point, en rappelant qu'il fallait distinguer la capacité de récupérer ce qui a été «perdu» de la possibilité d'effectuer de nouveaux apprentissages. La question du devenir scolaire de l'enfant aphasique soulève par ailleurs des difficultés d'ordre pratique évidentes, et peu de centres ont été en mesure de rassembler des données issues de suivis à suffisamment long terme. Les quelques indications avancées présentent donc un caractère nécessairement anecdotique.

* Q.I.P. : Quotient Intellectuel de Performance.

Dans la série de Guttmann (1942), le devenir scolaire paraît assez bon, au moins pour les cas d'aphasie à prédominance expressive. Parmi les dix cas pour lesquels cet auteur estime qu'une évolution pronostique a pu être effectuée, trois cas « anciens » obtiennent des résultats scolaires brillants et un cas « récent » présente un Q.I. supérieur à sa moyenne d'âge chronologique. Ces données conduisent Guttmann à s'opposer aux conceptions de Goldstein (1948) pour qui l'aphasie provoquerait une régression à un mode concret d'approche du réel.

L'analyse plus détaillée d'Alajouanine et Lhermitte (1965) ne conduit pas à des conclusions optimistes. Sur les 32 cas examinés par ces auteurs, huit n'ont pu reprendre l'école en raison de l'importance des troubles résiduels. Parmi 14 cas suivis régulièrement après la reprise scolaire, 12 présentent une évolution défavorable après deux ans : trois enfants ne peuvent reprendre les cours au niveau où ils se trouvaient au moment de l'atteinte, six enfants n'ont pu passer à la classe immédiatement supérieure, trois enfin ont abandonné après redoublement. Alors qu'au départ les enfants paraissaient bien intégrés lors de la reprise scolaire, leur motivation semble s'être rapidement affaiblie, et on a vu apparaître des réactions de repli sur soi et, chez certains, des symptômes obsessionnels. Les difficultés d'apprentissage, surtout marquées pour les matières à « base linguistique » telles que les cours de langues étrangères, se traduisent par des troubles de mémorisation et des difficultés d'application de raisonnements antérieurement acquis à des données nouvelles.

Dans la série de Byers et McLean (1962), on observe également des difficultés ultérieures d'apprentissage, et ceci en dépit d'une bonne récupération du langage oral. Selon ces auteurs, trois seulement de leurs cas auraient présenté une scolarité normale associée à l'absence de troubles psychologiques. Un retard intellectuel marqué est observé pour trois cas (pour l'un au moins, le déficit observé préexistait à l'atteinte cérébrale). Trois autres cas enfin présentent des troubles psychologiques exigeant la mise en place de concessions éducatives.

Dans la série d'Assal et Campiche (1973), pour les deux cas les plus âgés ainsi que pour trois enfants dont les signes neurologiques étaient les plus importants, une détérioration globale est décrite un an après l'atteinte et, selon ces auteurs, «tout porte à croire qu'un déficit global et définitif limitera leurs acquisitions futures». Le groupe des atteintes «intermédiaires» montre la persistance de déficits aux tests psychométriques plusieurs années après le traumatisme. Enfin, les enfants les moins atteints n'auront pas d'échec scolaire au cours de la première année de suivi, bien que des difficultés de concentration soient signalées.

Pour les cas de Collignon et al. (1968) et Hécaen (1976), la durée du suivi et sa qualité sont très irrégulières. Mais l'importance de l'acalculie et des perturbations du langage écrit amène à supposer que la scolarité ultérieure ne fut pas sans problèmes. Enfin, tous les cas d'une série de Van Dongen et Loonen (1976), essentiellement consacrée aux aspects pronostiques de l'aphasie, présentent des difficultés sur le plan scolaire.

En conclusion, l'existence de difficultés scolaires semble plutôt la règle que l'exception. Les descriptions à disposition ne permettent cependant pas de se prononcer sur la nature des difficultés rencontrées par les enfants. Trois hypothèses au moins, en dehors des facteurs psycho-affectifs et sociaux, peuvent être avancées : difficultés langagières fines échappant à l'examen clinique de l'aphasie, difficultés générales et aspécifiques d'apprentissage, difficultés enfin dans d'autres secteurs instrumentaux (sphère visuospatiale, acalculie, etc.). Les moyens mis en place ne peuvent éclairer ces problèmes et les dichotomies proposées par certains auteurs entre matières scolaires verbales et non verbales sont évidemment largement insuffisantes.

Chapitre V
La récupération fonctionnelle

1. Remarques générales

La littérature neuropsychologique souligne très généralement l'existence d'une meilleure récupération fonctionnelle (plus rapide et plus complète) chez le sujet jeune. Alajouanine et Lhermitte (1968) soulignent même le caractère électif de cette meilleure récupération du langage chez le sujet jeune, présentant à l'appui de cette thèse l'existence de cas ayant bien récupéré sur le plan langagier alors qu'une hémiplégie importante persistait.

Mais à côté d'un effet positif de l'âge, jouant sur l'opposition jeune/adulte (ou âgé), l'existence d'un gradient chronologique à l'intérieur des séries infantiles est beaucoup plus difficile à démontrer. Cela résulte à la fois de la très grande dispersion des âges représentés dans les différentes séries, des sous-groupes constitués pour analyser la variable âge et des méthodes statistiques utilisées dans ce but. A ces problèmes méthodologiques s'ajoute le fait que ce qui est à récupérer varie directement en fonction de l'âge du sujet, le répertoire des conduites verbales se modifiant de manière bien plus considérable entre, par exemple, 2 ans 1/2 et 7 ans qu'entre 25 et 45 ans. A la dispersion dans les séries infantiles correspond donc une très grande variabilité dans les répertoires des acquis langagiers, et il n'est par conséquent guère étonnant que l'effet de l'âge sur la récupération s'exprime différemment dans des séries regroupant de très jeunes enfants (Basser (1962) — une majorité des cas de moins de 5 ans) ou dans d'autres où peu d'enfants ont moins de 5 ans (Collignon et al. (1968) — une fille de 3 ans 1/2 seulement).

Ces variables d'échantillonnage expliquent sans doute en partie pourquoi la période dite «critique» au terme de laquelle la récupération deviendrait chez l'enfant à peu près analogue à celle de l'adulte semble si difficile à préciser (par exemple, chez Krashen (1973): 5 ans; chez Lenneberg (1967): de 8 ans à la puberté; chez Alajouanine et Lhermitte (1968): 10 ans; etc.).

D'autres difficultés, tant méthodologiques que théoriques, compliquent encore les analyses. Si, chez l'adulte, la récupération peut aisément se définir comme le retour à l'état prélésionnel, chez l'enfant, la récupération post-lésionnelle comprend non seulement le retour à l'état antérieur, mais implique aussi la reprise d'une séquence développementale normale.

Les effets d'une lésion cérébrale ne peuvent, en effet, se mesurer uniquement sur base du tableau prélésionnel; ils doivent également être appréciés en regard du développement futur de l'enfant. Enfin, hors du langage, il reste à examiner l'ensemble des apprentissages (scolaires entre autres) de l'enfant. Il en résulte que l'appréciation de la récupération post-lésionnelle chez l'enfant est plus difficile à conduire, et qu'un enfant peut avoir récupéré intégralement un niveau prélésionnel, mais accumuler des retards plus ou moins graves dans l'acquisition de conduites verbales et non verbales nouvelles dont l'établissement n'est attendu qu'à un âge plus avancé. En bref, on peut, théoriquement au moins, étudier chez l'enfant trois paramètres en post-lésionnel: la récupération du niveau antérieur, la poursuite d'un gradient normal de développement, l'apparition ultérieure de stades de développement attendus. Et la pathologie contient sans doute le plus souvent un mélange de perturbations situées à ces trois niveaux: non-récupération, retards ou arrêts du développement, apparition de déficits différés.

Nous garderons en mémoire ces réserves dans l'abord critique des quelques faits à disposition et nous analyserons séparément deux paramètres de la récupération: sa qualité et son décours temporel.

2. Qualité de la récupération post-lésionnelle chez l'enfant

Au niveau théorique, Lenneberg (1967) est un des premiers à poser le problème de la récupération du langage dans le cadre d'une théorie ontogénétique de l'élaboration des structures corticales sous-tendant les activités langagières. Selon cet auteur (et sur base d'une revue critique de la littérature et de cas personnels), la récupération post-lésionnelle obéirait aux frontières temporelles suivantes:
- Les enfants aphasiques âgés de moins de 8 ans ne présentent plus aucun déficit lorsqu'ils sont examinés deux ans après l'épisode aigu.
- Entre 11 et 14 ans, la récupération devient plus difficile.
- Après la puberté, des séquelles permanentes s'installent toujours.

En accord avec les observations de Basser (1962), Lenneberg établit par ailleurs des distinctions dans les tranches d'âge plus jeunes. Ainsi, pour les enfants âgés de 20 à 36 mois, la récupération se traduit plutôt par une sorte de réacquisition du langage après une période du suppression totale. Tout se passe comme si les acquis antérieurs étaient définitivement perdus, et on assiste, selon Lenneberg, à une sorte de redémarrage à zéro qui recommence par le babil, les mots isolés, les holophrases, etc. Au contraire, au-delà de 3 ans et jusqu'à la puberté, la récupération résulte de la conjugaison de deux processus : la régression des signes pathologiques et la poursuite de la séquence développementale.

Il s'en faut cependant de beaucoup pour que les données de l'ensemble des séries confirment ce tableau général.

La série d'Alajouanine et Lhermitte (1965) ne comprenant pas d'enfants de moins de 6 ans, les auteurs comparent le groupe des enfants âgés de moins de 10 ans au groupe des enfants âgés de plus de 10 ans. La comparaison paraît d'autant plus pertinente que les deux groupes d'âge ainsi constitués contiennent en proportion identique les deux grandes étiologies lésionnelle, traumatique et vasculaire. Si la comparaison des deux groupes indique un effet de l'âge sur l'expressivité des symptômes, en ce qui concerne la récupération à long terme, les auteurs n'observent aucune différence quant à la qualité de la récupération, ceci sur les 32 enfants examinés un an après l'atteinte cérébrale. Ce constat s'applique aux examens psycholinguistiques administrés, aux épreuves intellectuelles (quotient intellectuel de performance) et au pronostic scolaire. En fait, un tiers des cas de la série, dont l'évolution a été particulièrement défavorable, était au moment de l'atteinte âgé de moins de 10 ans.

La même absence de différence en fonction de l'âge se retrouve dans la série de Byers et McLean (1962), composée principalement de cas vasculaires. On y rencontre en effet une grande analogie d'évolution du langage oral, quel que soit l'âge (la plupart des cas sont âgés de 5 à 10 ans).

La série de cas traumatiques d'Assal et Campiche (1973) comprend une majorité de cas à résolution rapide (inférieure à une semaine). Mais la moyenne d'âge de ce groupe est plus élevée que celle du groupe à évolution défavorable (9 ans 4 mois pour le groupe à évolution rapide et 5 ans pour les trois cas à évolution la plus grave). Cependant, les deux cas les plus âgés de la série (15 et 13 ans) dont l'aphasie est la plus «caractérisée» (aphasie de type Broca et aphasie anomique) gardent des séquelles stables après deux ans d'évolution, et ce en dépit d'une rééducation intensive. Mais à l'exception de ces deux cas, où la nature de l'aphasie elle-même entre sans doute aussi en ligne de compte, ces auteurs ne retrouvent pas de différence en fonction de l'âge dans l'évolution à court et à long terme.

De même, selon Hécaen (1976), la récupération ne constitue pas l'apanage des enfants les plus jeunes. Et si le seul cas de la série qui récupère en deux semaines est âgé de moins de 5 ans (garçon de 3 ans 1/2 avec lésion droite), trois cas de normalisation du langage sont décrits chez des enfants âgés de 14 ans (deux ayant récupéré en un et trois mois respectivement, le troisième en un an). L'analyse de la récupération en fonction de l'âge dans cette série indique la présence en proportion égale de récupération du langage très favorable (moins de trois mois), selon que les cas sont âgés de plus ou de moins de 10 ans. En effet, parmi les cas présentant une nette amélioration de leur sémiologie, examinés moins de 3-4 mois après l'atteinte cérébrale, il y a quatre enfants de 8 ans et deux enfants plus âgés.

Enfin, les séquelles à long terme, particulièrement sur le plan des activités langagières, ont été récemment investiguées par Woods et Carey (1979) sur une très large série. Les auteurs retrouvent la règle de Lenneberg qui veut que tous les sujets âgés de moins de 8 ans présentent des signes nets de récupération du langage. Deux cas seulement de cette série, encore aphasiques lors d'un testing différé d'au moins 4 ans, étaient âgés de 12 et 13 ans lors de l'atteinte cérébrale. Différents tests, dérivés de la batterie de Dennis (1980), montrent l'infériorité des anciens aphasiques comparés aux sujets à lésion cérébrale gauche n'ayant pas entraîné d'aphasie.

En conclusion, il paraît difficile de se prononcer sur le rôle de la variable âge; les séries sont trop disparates et l'influence des autres variables (étiologie, gravité de l'aphasie) ne peut être contrôlée.

3. La rapidité de la récupération

Une lecture hâtive des données de Lenneberg (1967) a amené certains auteurs à considérer que la récupération était, chez l'enfant, non seulement meilleure, mais aussi plus rapide. Certains, comme Geschwind (1974) par exemple, en tireront même argument pour postuler que cette récupération rapide refléterait l'intervention immédiate de l'hémisphère droit dans le contrôle des activités langagières. En fait, Lenneberg présente une conclusion opposée puisqu'il considère que les enfants âgés de 4 à 10 ans peuvent récupérer plus lentement que les adultes. Selon cet auteur, chez l'enfant, la récupération peut s'étaler sur plusieurs années, sans toutefois dépasser l'âge de la puberté. Mais l'âge pourrait jouer un rôle différentiel sur le rythme de la récupération, puisqu'un an après l'atteinte cérébrale, cinq des enfants de moins de 8 ans et cinq des enfants de plus de 8 ans présentent encore des troubles aphasiques, tandis que, deux ans après l'atteinte, le déficit aphasique ne persiste que chez les enfants de plus de 8 ans. Il semble donc que la récupération soit plus rapide chez les enfants de moins de 8 ans, mais mette en moyenne un à deux ans avant de s'intaller. Ces données comparées à celles aujourd'hui à disposition chez l'adulte, où la plupart des auteurs considèrent que la récupération s'installe (sans rééducation) entre trois et six mois (Sarno, 1976; Seron, 1979; Thierry et al., 1982), seraient donc en faveur d'une récupération plus lente et plus continue chez le jeune enfant. Cette conclusion doit cependant être nuancée; d'une part, les gradients temporels de récupération spontanée proposés aujourd'hui chez l'adulte peuvent être contestés (ces gradients étant liés au degré de résolution des méthodes mises en œuvre pour les établir), d'autre part dans la récupération plus lente de l'enfant pourraient se trouver mélangés les faits de récupération proprement dite et les retards ultérieurs de développement.

Les données des autres séries sont, hélas, moins aisées à systématiser, à la fois en raison de la durée, très variable selon les études, du suivi post-lésionnel et de la diversité des tableaux initiaux. Ainsi, Collignon et al. (1968) concluent de l'analyse de leurs données (au suivi allant de 15 jours à deux ans) que la récupération paraît plus courte pour les sujets de moins de 10 ans. Mais, notent ces auteurs, cette interprétation doit être nuancée par le fait que, fortuitement, l'atteinte lésionnelle a été en moyenne plus grave chez les enfants de plus de 10 ans. Dans la série d'Hécaen (1976), certains cas de plus de 8 ou 10 ans montrent une normalisation tardive de leur langage. Toutefois, nous ignorons le plus souvent si des mesures intermédiaires du niveau langagier ont été réalisées et si les étapes signalées en mois ou années correspondent vraiment au « moment » du début de la récupération ou bien simplement à celui de la consultation de l'enfant, l'amorce d'une amélioration ayant pu s'être produite auparavant.

Enfin, Woods et Teuber (1978), dans leur étude principalement rétrospective de 65 cas de lésions hémisphériques de l'enfant, ne trouvent pas de corrélation nette entre l'évolution de l'aphasie et l'âge et, en particulier, ils n'observent aucune relation entre la durée de la récupération et l'âge de la lésion pour les 25 cas ayant récupéré complètement le langage oral. Dans cette étude, la durée de la récupération varie de moins d'une semaine à 2 ans 1/2 et la durée la plus longue de récupération (2 ans 1/2) est observée chez un enfant très jeune (âgé de 5 ans 1 mois).

Bien que d'interprétation difficile, et malaisées à relier avec certitude à un âge précis, les capacités évolutives à long terme de certains enfants paraissent étonnantes. Sans doute sont-elles à rapprocher des données sur l'évolution tardive de certains cas d'hémisphérectomies précoces (Smith, 1966) où une amélioration du quotient intellectuel s'effectue encore à l'âge adulte. On peut par conséquent s'interroger sur le devenir des déficits psycholinguistiques encore mis en évidence par Woods et Carey (1976) chez des enfants dont l'âge moyen n'est que de 14 ans, et se demander s'ils ne finiraient pas, eux aussi, par s'atténuer avec le temps.

Au terme de cette double analyse, une première conclusion s'impose : nous manquons aujourd'hui d'études rétrospectives détaillées sur la qualité et la rapidité de l'évolution des conduites langagières chez le jeune enfant. S'il paraît acquis que la récupération est en moyenne meilleure chez le sujet jeune comparée à celle survenant chez l'adulte, il s'en faut de beaucoup pour qu'au sein des séries jeunes, une période «critique» puisse être établie avec certitude. Il semble aussi urgent d'établir avec plus de finesse l'existence éventuelle de séquelles tardives non cliniquement repérables dans le suivi post-lésionnel immédiat. En ce qui concerne la rapidité de la récupération, s'il est possible qu'elle soit, une fois passée la phase de mutisme, plus rapide chez le tout jeune enfant (entre 20 et 36 mois), pour les âges s'étalant de 4 à 10 ans, la récupération complète pourrait au contraire s'installer plus lentement que chez l'adulte.

4. Influence de la gravité du tableau initial

Y a-t-il une relation directe entre l'importance initiale de l'aphasie, son évolution immédiate et le devenir à long terme des enfants? Cette question n'est en aucun cas triviale et la double équation «troubles initiaux graves/mauvais pronostic — troubles initiaux discrets/bon pronostic» peut être discutée. Des signes initiaux discrets, moins spectaculaires qu'un mutisme complet ou qu'un trouble massif de la compréhension, pourraient en effet persister à long terme et entraver le développement ultérieur du langage. De même, une anomie modérée peut se révéler rebelle au fil du temps. Il se pourrait d'ailleurs que, chez le jeune enfant, l'absence de signes pathologiques initiaux ne constitue pas une garantie pour l'évolution future.

Pour Guttmann (1942) cependant, ce sont les cas bénins ayant récupéré en moins de quatre semaines qui ont le meilleur pronostic à long terme. Toutefois, cet auteur fait aussi remarquer que des cas gravement atteints peuvent connaître une amélioration lente mais continue sur plusieurs années. L'étendue temporelle du suivi post-lésionnel est donc une variable critique dans l'appréciation du rapport entre le tableau initial et le devenir différé des patients.

Différents auteurs ont tenté d'analyser le rapport entre l'importance et l'évolution des troubles neurologiques et l'évolution de l'aphasie; ces travaux conduisent à des résultats contradictoires. Pour Assal et Campiche (1973), et dans une certaine mesure aussi pour Collignon et al. (1968), la durée du coma serait en corrélation positive avec le devenir de l'aphasie: à un coma plus long correspondrait un pronostic défavorable. Une telle relation n'est cependant pas retrouvée par Hécaen (1976).

Quant à l'influence des signes neurologiques proprement dits, les quelques données à disposition sont également contradictoires. Dans la série de Basser (1962), il y a une dissociation nette entre l'évolution de l'hémiplégie, habituellement massive et persistante, et la récupération de l'aphasie. Alajouanine et Lhermitte (1965) observent, quant à eux, une corrélation positive entre l'hémiplégie et la dysarthrie; mais ce parallélisme disparaît lors de l'évolution des symptômes, l'hémiplégie étant en règle générale plus persistante puisqu'elle reste présente dans 16 des 23 cas ayant récupéré leur langage oral. Cette disparité évolutive reviendrait, selon ces auteurs, à postuler que la récupération des symptômes aphasiques se fait selon un mode particulier qui ne correspond pas aux mécanismes de la simple rétrocession lésionnelle. Dans la série de Byers et McLean (1962), la même indépendance s'observe. Les symptômes neurologiques sont persistants dans 8 des 12 cas étudiés et il n'y a pas de parallélisme entre l'évolution des signes neurologiques et celle des troubles aphasiques. Les données de Collignon et al. (1968) vont dans le même sens; une hémiparésie importante touche six cas et s'accompagne, dans trois cas, de troubles de la sensibilité superficielle ou de la stéréognosie, mais la présence de ces déficits moteurs ne paraît pas influencer le devenir des troubles du langage.

La répartition des troubles neurologiques (syndromes pyramidaux ou cérébelleux) paraît analogue pour Assal et Campiche (1973) dans les cas à évolution rapide ou difficile. Toutefois, l'évolution des troubles sensori-moteurs n'est rapidement régressive que dans le groupe à aphasie bénigne.

Dans les cas décrits par Woods et Teuber (1978), 15 cas présentent une hémiparésie. Celle-ci subsistera à des degrés divers de sévérité, sauf pour deux cas chez qui la récupération est complète en moins d'un mois. A nouveau, il n'y a pas de corrélation entre la durée de récupération de l'aphasie et la sévérité de l'hémiparésie associée.

Le cas unique de Pöhl (1979) paraît indiquer une amélioration de l'aphasie 13 mois après l'atteinte initiale, tandis que l'hémiparésie reste inchangée.

En ce qui concerne l'évolution de l'aphasie et celle des signes électro-encéphalographiques, les données vont le plus souvent en faveur d'une absence de relation. En effet, pour Alajouanine et Lhermitte (1965), les signes électro-encéphalographiques sont encore intenses dans deux tiers des cas ayant récupéré sur le plan du langage oral. La même constatation découle des données de Van Dongen et Loonen (1976).

Dans le syndrome de Landau lui-même, bien qu'une perturbation de l'électrogenèse y soit postulée au plan étiologique, les données sur l'évolution relative des signes aphasiques et électriques manquent de cohérence. Tandis qu'une corrélation directe est retrouvée par certains (Landau et Kleffner, 1957; Schoumaker et al., 1974), un manque de parallélisme est souligné au contraire par d'autres (Gascon et al., 1972; McKinney et McGreal, 1974).

Au total, il semble donc (à l'exception des données d'Assal et Campiche) ne pas exister de relations obligatoires entre l'évolution des signes neurologiques associés et le devenir de la sémiologie aphasique chez l'enfant. Ce constat est identique à celui observé chez l'adulte (Gloning et al., 1976; Seron, 1979; Thierry et al., 1982).

5. Influence de la localisation de la lésion

S'il est possible que la localisation de la lésion exerce une influence sur le tableau sémiologique initial (Hécaen, 1976, et 2.4 ce livre), son rôle sur l'évolution paraît beaucoup plus difficile à établir. Une hypothèse de ce type est cependant avancée par Assal et Campiche (1973), mais elle ne paraît pas reposer sur des données précises, à l'exception peut-être d'un rôle probable de l'atteinte tronculaire sur la durée du mutisme. Dans la plupart des autres séries, la question ne peut être posée, soit parce que les localisations sont imprécises, soit parce que le suivi post-lésionnel est insuffisant. Notons cependant, dans la série de Woods et Teuber (1978), où une majorité de cas est due à une atteinte vasculaire entreprenant le territoire de la cérébrale moyenne, que l'évolution paraît souvent variable. De même, les cas uniques de Pöhl (1979) et de Dennis (1980) résultant tous deux également d'une atteinte thrombotique de la cérébrale moyenne, ont des évolutions bien différentes, rapide pour le cas le plus âgé, lente au contraire pour le plus jeune.

Il est donc aujourd'hui impossible de se prononcer quant au rôle de la localisation lésionnelle sur l'évolution de l'aphasie chez l'enfant. Le développement rapide de la tomodensitométrie et l'introduction des mesures métaboliques grâce au scanner à positron devraient dans les années à venir réduire notre ignorance actuelle.

6. Influence de l'étendue des lésions

Bien qu'il n'y ait pas toujours une relation parfaite entre la gravité des symptômes et l'étendue lésionnelle, il n'est pas rare que l'une ne soit que le reflet de l'autre. Reflet partiel cependant, car d'autres facteurs tels que la localisation, l'étiologie et le mode d'installation peuvent modifier ce parallélisme. Pour Assal et Campiche (1973) qui apprécient l'étendue lésionnelle par l'importance des signes neurologiques d'accompagnement et par les études neuroradiologiques, l'étendue de la lésion est un facteur de pronostic majeur. C'est aussi l'opinion d'Hécaen (1976), pour qui la taille et/ou la bilatéralité de la lésion seraient les facteurs les plus importants de pronostic. L'évolution habituellement défavorable du syndrome de Landau pourrait également résulter du caractère bilatéral et symétrique des lésions.

Il est donc probable, toutes choses étant égales par ailleurs, qu'à une atteinte plus massive corresponde un pronostic plus mauvais. Mais une conclusion aussi générale doit être nuancée, car les variables «étendue» et «bilatéralité» pourraient avoir un effet différent. Une lésion étendue dans la zone du langage mais strictement unilatérale pourrait autoriser une suppléance hémisphérique droite, alors qu'une lésion moins étendue mais bilatérale pourrait avoir des conséquences à long terme plus défavorables.

7. Influence de la nature des symptômes

Toutes les autres variables étant égales par ailleurs, il semble que chez l'adulte, les aphasies de type «sensoriel» aient un plus mauvais pronostic que les aphasies antérieures (Kertesz et McCabe, 1977)[1]. Dans l'aphasie de l'enfant, une tendance analogue semble exister aussi. Ainsi, Guttmann (1942) souligne le moins bon pronostic des cas avec entreprise du versant réceptif par rapport aux cas d'aphasie expressive pure. Cette tendance apparaît aussi chez Assal et Campiche (1973), mais non dans la série de Collignon et al. (1968). Par ailleurs, l'habituelle évolution défavorable de l'aphasie de Landau semble également confirmer l'hypothèse d'une influence négative des troubles de la compréhension.

Il est en outre pertinent de se demander si, chez l'enfant, des aphasies cliniquement semblables et survenant à des âges analogues connaissent ou non une évolution similaire.

---

[1] Ce constat doit cependant être nuancé, car, en moyenne, les cas d'aphasie de Wernicke sont un peu plus âgés que les cas d'aphasie de Broca (Obler et al., 1978) et Vignolo (1964) et Basso et al. (1979) ne retrouvent pas cette régularité d'un mauvais pronostic.

Cette analyse est cependant difficile à conduire, étant donné la difficulté de caractériser des types d'aphasies clairement distincts. Elle ne paraît jusqu'ici possible que pour des cas relativement âgés. Cette comparaison semble pertinente pour deux cas d'aphasies d'enfant très proches de l'aphasie de Broca, décrits à des âges analogues (12, 13 ans) et pour une même étiologie traumatique. Le premier cas, décrit par Guttmann (1942), présente une évolution rapidement régressive (moins d'un mois); le second, décrit par Assal et Campiche (1973), présente des séquelles linguistiques et une détérioration globale qui ont persisté deux ans après l'atteinte en dépit d'une rééducation intensive.

Une autre forme caractérisée d'aphasie est décrite par Woods et Teuber (1978). Il s'agit d'une jargonaphasie survenue chez un enfant de 5 ans. L'évolution semble avoir été lente, puisque deux ans et demi plus tard, l'enfant présente une aphasie nominale et des troubles de la lecture. Cependant, à l'âge de 21 ans, le langage et la lecture sont redevenus normaux. Le cas est intéressant à un double point de vue: d'une part, il souligne une similitude d'évolution entre l'adulte et l'enfant: le passage du jargon à l'anomie; d'autre part, il accentue une différence: la longueur et la qualité de la récupération.

En ce qui concerne le manque du mot et son devenir, les avis sont contradictoires. Pour Assal et Campiche (1973), les difficultés initiales d'évocation verbale semblent persister deux ans après l'atteinte. Par contre, Van Dongen et Loonen (1976) notent l'évolution favorable de cinq de leurs six cas d'aphasie anomique.

L'influence de la nature des symptômes initiaux sur la récupération reste donc difficile à établir chez l'enfant. Cela tient à la pauvreté des descriptions cliniques à disposition, à la rareté des cas, à la variabilité des suivis post-lésionnels, mais aussi et peut-être surtout à la difficulté de caractériser des formes distinctes d'aphasie. Si les formes proches des aphasies sensorielles et mixtes de l'adulte pourraient être d'un mauvais pronostic, des signes plus discrets comme le manque du mot pourraient aussi se révéler plus persistants chez l'enfant. Encore qu'à ce niveau, il soit sans doute particulièrement difficile de séparer ce qui renvoie à la récupération proprement dite et ce qui renvoie aux acquisitions lexicales ultérieures.

8. Influence de la prévalence manuelle

Une organisation corticale différente des fonctions linguistiques chez les gauchers les rendraient plus résistants à l'atteinte cérébrale avec, au niveau sémiologique, une certaine prépondérance expressive des troubles aphasiques et une prédisposition à leur régression rapide. Ce fait est particulièrement marqué semble-t-il lorsqu'il existe un stock familial de gaucherie (ce point reste cependant contesté, voir Newcombe et al., 1979).

L'influence de la latéralité manuelle sur l'évolution de l'aphasie de l'enfant a été investiguée par certains auteurs, mais peu d'entre eux ont tenu compte de la prévalence manuelle familiale. Basser (1962) est le seul à avoir particulièrement examiné ce point en investiguant la latéralité manuelle parmi la fratrie et les deux générations précédentes. Toutefois, la prévalence manuelle prélésionnelle n'est en général pas connue chez les sujets eux-mêmes et l'importance de l'hémiplégie a le plus souvent entraîné une latéralité manuelle «forcée». Cette réserve faite, la conclusion de Basser est négative: il n'y a pas de différences, lorsqu'on examine les scores d'intelligence verbale (limités pour certains cas à l'analyse du subtest «vocabulaire» du WISC), en fonction de l'existence d'une gaucherie manuelle familiale.

Dans la série d'Alajouanine et Lhermitte (1965), la plupart des sujets sont droitiers à l'exception de deux cas, «forcés à droite», dont l'évolution ne paraît pas trancher par rapport aux autres. Dans la série de Byers et Mac Lean (1962), les trois cas d'aphasie chez des gauchers (un cas d'hémiplégie gauche et deux cas d'hémiplégie droite) ont évolué assez favorablement (régression des symptômes aphasiques en trois semaines à trois mois et bonne récupération scolaire à trois ans chez l'un d'eux). Collignon et al. (1968) souligne le caractère principalement expressif de la sémiologie rencontrée chez deux des trois gauchers de sa série, s'apparentant à ce que l'on observe chez les gauchers adultes. Un cas toutefois montre des troubles du maniement des données spatiales et des difficultés de compréhension, mais l'atteinte, inférée d'après l'EEG et la sémiologie neurologique, bien qu'à prédominance hémisphérique droite, y est probablement bilatérale et entreprendrait également le tronc.

Rappelons enfin que certains auteurs (Assal et Campiche, 1973) trouvent suffisamment de points communs entre l'aphasie de l'enfant et l'aphasie «des gauchers» que pour en inférer l'hypothèse d'une représentation plus diffuse du langage chez l'enfant.

Les cas d'enfants aphasiques gauchers examinés nous paraissent toutefois trop peu nombreux pour établir l'influence de cette variable sur l'évolution et la sémiologie initiale de l'aphasie.

9. Influence de l'étiologie

a) Les aphasies «vasculaires»

Les aphasies vasculaires sont habituellement de survenue brutale, mais, plus rarement, elles peuvent être précédées de signes prodromiques de durée variable ou survenir en plusieurs temps (Byers et Mc Lean, 1962). On peut schématiquement distinguer deux mécanismes lésionnels différents : la rupture vasculaire d'une part, l'obstruction d'un vaisseau d'autre part.

En cas de rupture vasculaire, la destruction lésionnelle sera plus «anarchique», liée à l'irruption du sang au sein du parenchyme cérébral y provoquant la formation d'hématomes. Les causes habituelles de l'ictus sont le plus souvent liées à une malformation congénitale comme les anévrismes, les angiomes ou les fistules artério-veineuses. Il faut, dans la répercussion prélésionnelle de ces malformations, tenir compte d'un certain effet de masse, analogue à celui observé dans les tumeurs, avec possibilité de compression vasculaire ou parenchymateuse, et, aussi, d'effets de détournements circulatoires notamment par les shunts artério-veineux susceptibles d'amener, par réduction de l'apport tissulaire d'oxygène, d'éventuels remaniements fonctionnels. Dans le second groupe, lié à l'obstruction par embol ou thrombose, les répercussions circulatoires ne se limitent généralement pas au territoire atteint mais peuvent, par l'effet du choc notamment, entraîner une hypoperfusion globale du cerveau de durée variable.

La récupération sera liée, entre autres, aux facteurs physiologiques locaux, tels que la reperméabilisation du thrombus ou la possibilité de mise en jeu d'une circulation collatérale, la localisation de l'obstruction par rapport à l'origine des artères lenticulo-striées paraissant fondamentale à cet égard (Isler, 1971). En outre, si l'occlusion vasculaire est le plus souvent de nature idiopathique chez l'enfant, il n'est pas rare, chez le très jeune enfant en particulier, de voir survenir une obstruction vasculaire à la faveur d'un épisode infectieux qui, avant la mise en œuvre des moyens de rééquilibration hydroélectrique, pouvait s'accompagner de désordres cellulaires diffus au niveau cérébral.

Le poids de ces différents facteurs devrait pouvoir être évalué; mais ceci présente évidemment de grandes difficultés méthodologiques et nous ne possédons guère d'éléments dans les séries aphasiologiques existantes qui permettraient de les apprécier.

Par ailleurs, les différences d'évolution entre les deux grands groupes, occlusion d'une part, et formation d'hématomes d'autre part, est difficile à apprécier car, en raison de biais de sélection, il semble qu'au sein de chaque série, chacun des deux groupes étiologiques soit différemment représenté. La série d'Hécaen (1976) par exemple, ne comprend que des hématomes, tandis que celle de Byers et Mac Lean (1962) comporte surtout des occlusions.

Pour ces différentes raisons, alors que chez l'adulte un pronostic au total plus défavorable pour les aphasies vasculaires semble exister, chez l'enfant, les données à disposition ne permettent pas de tirer de conclusions nettes.

C'est ainsi que la série à prédominance «vasculaire» de Byers et Mac Lean (1962) montre une évolution favorable dans tous les cas sur le plan de la récupération du langage oral, les capacités non linguistiques paraissant par contre davantage atteintes. Leur devenir paraît donc relativement plus favorable sur le plan du langage oral que celui de certains cas traumatiques d'Assal et Campiche (1973) par exemple. Les trois cas vasculaires de la série de Lenneberg (1967) montrent une récupération après un à deux ans d'évolution, et il en est de même pour la série d'Hécaen (1976) (hématomes) où les causes vasculaires se retrouvent uniquement chez les cas dont l'évolution est favorable ou très améliorée.

Dans l'étude de Woods et Teuber (1978), les faits sont plus disparates puisque, pour les cas évalués rétrospectivement, la récupération est difficile dans trois cas sur neuf d'origine vasculaire opposée à un cas sur cinq d'origine traumatique; pour les cas investigués personnellement par ces auteurs, sur les six cas séquellaires à long terme, cinq sont d'origine vasculaire (quatre d'origine thrombotique et un de cause anévrismale). Par contre, quatre cas ayant une évolution particulièrement favorable ont une origine vasculaire thrombotique.

b) Les causes infectieuses

La plupart des séries récentes, dans le souci de se limiter à l'étude des lésions unilatérales, n'ont retenu parmi les causes infectieuses que les abcès. Ceux-ci, le plus souvent à départ otogénique, ont fréquemment une localisation temporale gauche et nécessitent généralement une vidange chirurgicale.

Ces deux facteurs supplémentaires, et en particulier le facteur de localisation, apportent probablement un effet additif de gravité responsable d'un pronostic paraissant parfois plus défavorable que pour d'autres étiologies. Dans la série de Guttmann (1942) par exemple, dont certains cas seront repris par Lenneberg (1967), deux cas d'abcès otogéniques sur trois n'ont pas récupéré à long terme, après respectivement deux ans et demi et cinq ans d'évolution.

Dans les séries les plus récentes, le pronostic paraît plus favorable, ceci étant vraisemblablement lié à la meilleure qualité des traitements médicaux (antibiothérapie) et chirurgicaux. La série de Collignon et al. (1968) comprend un cas d'abcès à localisation temporale gauche, repris également dans la série d'Hécaen (1976). Il existait chez ce cas des difficultés d'évocation verbale et des troubles de l'écriture. Ces symptômes ont régressé en un mois. Un second cas d'abcès est décrit par Hécaen, localisé à droite mais affectant probablement, par effet indirect, l'hémisphère gauche. Les difficultés, essentiellement d'ordre articulatoire, seront normalisées après trois mois.

c) Les aphasies tumorales

Les aphasies tumorales s'opposent aux autres étiologies par le caractère progressif de leur survenue, s'étalant souvent sur plusieurs années. Le phénomène de l'épargne fonctionnelle devrait donc être ici particulièrement sensible, puisque diverses modifications de l'organisation corticale ont pu s'établir à bas bruit bien avant l'apparition des premiers symptômes. C'est sans doute là une des raisons de la basse fréquence de cette étiologie dans les séries d'aphasie de l'enfant. Cependant, certains facteurs peuvent parfois conférer à l'étiologie «tumorale» un caractère plus abrupt. Il peut s'agir du degré de malignité de la tumeur, comme pour les glioblastomes par exemple, qui ont un rythme de croissance particulièrement élevé. En outre, certaines tumeurs subissent des nécroses spontanées ou des hémorragies, avec retentissement plus ou moins aigu sur le parenchyme. Enfin, le traitement chirurgical des tumeurs peut entraîner différentes formes de complications, liées à l'opération. Aussi, vu le petit nombre de cas d'origine tumorale représentés dans les différentes séries, une évaluation différentielle paraît difficile, qu'il s'agisse de comparer les diverses formes tumorales entre elles, ou de les confronter aux autres étiologies. En outre, si le pronostic à long terme des tumeurs est bien sûr lié à la malignité, il dépend aussi de la situation de la tumeur et du risque de métastases à distance. Les données à disposition dans les séries sont bien clairsemées.

On trouve certains astrocytomes (évolution semi-lente) dans quelques séries: deux cas dans la série d'Alajouanine et Lhermitte (1965); l'un d'entre eux va décéder quelques mois après l'intervention chirurgicale tandis que l'évolution de l'autre cas ne paraît pas différer de celle des autres patients de cette série. Un astrocytome du pied de F_3 gauche est décrit par Hécaen (1976). Il s'agit d'une jeune fille de 12 ans qui ne présentera en post-opératoire que des troubles phasiques minimes et rapidement résolutifs, mais qui montrera à sept ans de distance par rapport à l'épisode initial, des complications durables cette fois et consécutives à une radionécrose, donc aux complications du traitement (implants radioactifs). Hécaen décrit par ailleurs un autre cas de tumeur repris dans sa série d'aphasies d'enfants. La nature de la tumeur n'est pas précisée chez ce garçon de 13 ans, présentant, outre des troubles arthriques, une acalculie et une alexie agraphie. Ces derniers symptômes, mis à part les troubles articulatoires, ont régressé après trois mois.

Deux cas tumoraux, entreprenant partiellement le thalamus gauche, sont aussi décrits par Collignon et al. (1968): un spongioblastome refoulant la corne frontale gauche, et un angiome calcifié en temporal gauche. Dans le premier cas, le langage a pratiquement récupéré trois mois après l'opération; chez le second, des perturbations du langage oral sont persistantes après deux mois.

d) Les aphasies traumatiques

S'il est légitime d'isoler la cause traumatique de l'aphasie, c'est sans doute essentiellement sur base de la survenue «en un temps» de la lésion, ce caractère d'installation abrupte opposant par exemple très nettement les aphasies traumatiques à la plupart des aphasies tumorales. Le groupe des aphasies traumatiques est loin cependant de constituer une étiologie homogène, différentes variables devant entrer en outre en ligne de compte dans l'évaluation de l'effet du traumatisme sur le cerveau, comme la durée du coma (variable prise en considération par plusieurs auteurs), et la durée de l'amnésie post-traumatique éventuelle, qui est particulièrement difficile à apprécier chez l'enfant. Le caractère ouvert ou fermé de l'atteinte doit également être considéré, ce dernier ayant sans doute un caractère plus délétère du fait de la force élastique exercée par le crâne imprimant au cerveau des forces rotatoires responsables de déchirures à la jonction du cortex et de la substance blanche. Enfin, l'existence de fractures embarrées, souvent plus fréquentes chez le très jeune enfant, avec la sanction chirurgicale qu'elles entraînent, et la présence d'atteinte vasculaire éventuelle avec la formation d'infarcissements ou de thromboses constituent autant de facteurs supplémentaires pouvant aggraver la situation.

Ces différents paramètres expliquent probablement en partie le fait que la plupart des séries traumatiques de l'enfant ne donnent pas au total une impression aussi favorable que certaines séries traumatiques adultes, par exemple par «blessures de guerre» où la lésion est en général mieux circonscrite. En dépit de la fréquence de l'étiologie traumatique à l'origine de l'aphasie de l'enfant, peu de cas traumatiques sont repris dans la littérature, étant donné le souci de la plupart des auteurs de décrire des lésions unilatérales.

Alajouanine et Lhermitte (1965) dont la série est l'une des seules à comprendre un nombre pratiquement équivalent de causes traumatiques et vasculaires, ne trouvent pas d'évolution particulière à court ou à long terme en fonction de l'étiologie.

Des différences nettes d'évolution selon le type d'atteinte n'émergent pas davantage de la comparaison de séries différentes: pronostic in toto comparable entre la série de Collignon et al. (1968) (neuf cas traumatiques sur les douze) et celle de Byers et Mac Lean (1962) (dix cas vasculaires sur les douze de cette série).

Dans la série de Van Dongen et Loonen (1976) par contre, sept des neuf cas d'origine traumatique présentent une récupération rapide. Le cas le plus défavorable présentait un hématome post-traumatique situé en temporal gauche; pour ce cas, le facteur de localisation paraissait donc particulièrement défavorable.

Hécaen (1976) conclut également à l'absence de différences significatives d'évolution entre ses onze cas traumatiques et les autres formes lésionnelles. Parmi les cas traumatiques, cinq évoluent favorablement en quelques mois, et un cas âgé de 14 ans a montré une normalisation du langage oral après deux ans. Des troubles du langage écrit persistent encore à long terme dans deux cas traumatiques âgés de 8 et 11 ans; enfin, un enfant de 12 ans n'a montré aucune amélioration symptomatologique après deux ans, mais pour ce dernier cas, l'étendue lésionnelle était massive.

Dans la série strictement traumatique d'Assal et Campiche (1973), des modes évolutifs très différents peuvent être délimités en fonction de la gravité des signes neurologiques et de l'étendue lésionnelle, avec soit récupération en moins de trois semaines, soit persistance à long terme de séquelles importantes, voire d'un «déficit global».

Au total, davantage que l'étiologie traumatique, c'est donc sans doute l'étendue ou la localisation lésionnelle qui paraissent surtout déterminer le pronostic. Mais ces propos doivent être nuancés, car l'étendue du suivi des cas n'a jamais été fort longue (deux à trois ans au maximum). A l'exception de quelques cas décrits par Guttmann (1942) qui, après une récupération rapide de leur aphasie, ont poursuivi une scolarité normale bien que moyenne, des difficultés attentionnelles semblent plutôt la règle pour les enfants suivis sur le plan scolaire. Dans la série d'Assal et Campiche (1973), ces difficultés attentionnelles sont présentes même pour le groupe dont l'aphasie a été rapidement résolutive. Mais, dans ce travail, le suivi post-lésionnel n'a pas dépassé un an.

Un suivi prolongé des enfants aphasiques devrait sans aucun doute être entrepris. En effet, diverses études récentes semblent montrer que les traumatismes cérébraux pris au sens large sont fort invalidants sur le plan de l'évolution scolaire ultérieure des enfants. Ainsi, par exemple, Richardson (1963) montre chez dix enfants ayant présenté un traumatisme crânien fermé avec coma prolongé (28 jours en moyenne) et amnésie post-traumatique importante (moyenne de 49 jours), une évolution scolaire défavorable en dépit d'une amélioration continue des signes neurologiques initiaux. De la distractibilité, une diminution de l'attention et de la fatigabilité sont décrites, ainsi que des changements importants du caractère. En dépit d'une amélioration du quotient intellectuel global, des troubles de la mémoire verbale séquentielle paraissent persister électivement. Seidel et al. (1975) et Rutter (1981) ont également examiné sur une large échelle le devenir à long terme des traumatismes crânio-cérébraux de l'enfant. Dans 62 % des cas, ces auteurs mettent en évidence des difficultés scolaires et psychologiques. Ils montrent en outre l'exitence dans la population des enfants traumatisés, d'un sous-groupe présentant un profil psychologique particulier : celui des enfants ayant été par leur comportement à l'origine de leur accident (distraction, mouvements inconsidérés, etc.). C'est ainsi qu'avant l'âge de 5 ans, la survenue des traumatismes paraît statistiquement liée à l'existence chez la mère d'une humeur dépressive, responsable d'une moindre qualité de surveillance de l'enfant, tandis qu'après 5 ans, ce serait davantage les enfants impulsifs et hyperkinétiques qui seraient sujets aux accidents. Ces deux facteurs, la tendance dépressive de la mère et l'hyperkinésie de l'enfant, paraissent déjà, en tant que tels, associés à des difficultés d'apprentissage. Dans ce contexte, le traumatisme lui-même ne ferait que majorer des difficultés préexistantes.

La prise en considération de ces variables associées permet de postuler, au moins à titre provisoire, que le devenir à long terme des aphasies de l'enfant par traumatisme ne serait guère favorable sur le plan de l'intégration psychosociale ultérieure. A ce point de vue, chez l'enfant, le pronostic de l'aphasie traumatique serait nettement différent de celui classiquement proposé chez l'adulte.

e) Conclusions

L'étude de l'influence étiologique pose un nombre de questions auxquelles les données actuelles de la littérature ne permettent pas d'apporter de réponses, étant donné le petit nombre de cas examinés et l'absence d'homogénéité des principales séries. Au total, il semble probable que, plutôt qu'un rôle de l'étiologie en tant que telle, ce soit l'étendue et éventuellement la localisation des lésions qui aient l'influence la plus déterminante sur l'évolution. Il reste que certaines données à disposition chez l'adulte (Jeannerod et Hécaen, 1979) sont en faveur d'un effet différentiel du type d'étiologie et du mode d'installation de la lésion, mais, faute de séries suffisamment larges, de tels effets ne peuvent être identifiés chez l'enfant. On manque à nouveau ici de données neuropathologiques suffisamment précises.

10. Mécanismes de la récupération

Au terme de cet examen des différents paramètres intervenant dans la récupération du langage chez l'enfant, il reste à examiner quels sont les principaux facteurs neurophysiologiques qui pourraient en être responsables. Nous serons relativement brefs à leur propos, et nous n'introduirons pas le lecteur à la très vaste littérature qui se développe sur ce sujet depuis bientôt une quinzaine d'année[2]. Nous nous limiterons en guise de préambule à indiquer que la neuropsychologie a, à cet égard, radicalement évo-

---

[2] L'on consultera avec profit l'ouvrage très documenté de Jeannerod et Hécaen (1979), paru en langue française sur le sujet.

lué. Jusqu'aux environs de 1950, on ne disposait, pour expliquer la récupération, que de modèles théoriques; la récupération était conçue à l'intérieur de modèles généraux de fonctionnement du SNC et, bien qu'elles n'aient pas manqué de cohérence, ces explications étaient pour la plupart dépourvues de validation empirique au sens où l'on était en général peu capable de situer où, dans le parenchyme cérébral, et par quels mécanismes la récupération s'effectuait. C'est de la neurophysiologie expérimentale que sont issus les premiers travaux importants. Ceux-ci ont tous indiqué, à des degrés divers, que le SNC réagissait à l'agression : bourgeonnements synaptiques hétéro et homotypiques, modification du seuil de réactivité des neurones, mise en jeu de synapses silencieuses, réorganisation de somatotopie régionale, etc. L'identification de ces mécanismes, dont le rôle fonctionnel n'est pas encore parfaitement clair, a en tout cas modifié les conceptions antérieures sur les réactions cérébrales à l'agression, et cette voie de recherche n'en est encore qu'à ses débuts.

a) *La levée de la diaschisis*

Ce concept, dû à von Monakow (1914), traduit la notion de dysfonction temporaire, réversible, de zones cérébrales non directement lésées. Elle correspond à l'inhibition, la perte d'excitabilité de neurones adjacents ou éloignés mais en connexion fonctionnelle avec les aires détruites. Au plan physiologique, certains auteurs (Luria, 1963) l'interprètent comme le résultat de l'œdème et de l'anoxie liés au choc lésionnel dans les atteintes aiguës. D'autres auteurs (Smith, 1977) utilisent également ce terme pour désigner les effets inhibiteurs de lésions chroniques éventuellement épileptogènes. Smith explique de la sorte l'amélioration des capacités verbales après hémisphérectomie gauche en cas de lésion précoce, par la levée de l'inhibition qu'exerçait avant l'opération l'hémisphère gauche atteint sur les capacités fonctionnelles de l'hémisphère droit.

En cas de lésion aiguë, Von Monakow a souligné le premier la variabilité, en importance et en durée, de la diaschisis, en fonction de la nature de la lésion mais aussi de l'âge du sujet. C'est ainsi que l'amélioration précoce des symptômes s'étendant en moyenne sur trois semaines et attribuée à la levée de la diaschisis, serait de meilleure qualité chez le sujet jeune (Geschwind, 1974). Cette opinion est avancée par Teuber (1972) qui y voit l'influence de meilleures capacités de réorganisation anatomique locale. La supériorité du système artériel de l'enfant en termes de souplesse et de perméabilité (Isler, 1971) y contribue probablement.

b) La «plasticité» anatomique

Les phénomènes anatomiques loco-régionaux, principalement la réorganisation des terminaux synaptiques, en réponse à une lésion cérébrale sont généralement rattachés par les auteurs à la «flexibilité» du système, à sa «plasticité». Ces phénomènes, quoique présents dans l'organisme adulte, seraient de meilleure qualité chez le sujet jeune.

La régénérescence axonale homotypique, due à la repousse, dans leur partie proximale, des axones lésés, et la régénérescence hétérotypique ou par bourgeonnement collatéral au départ d'axones non touchés, paraissent en effet devoir s'organiser plus aisément dans un système où l'agencement même des synapses est encore en voie d'élaboration, comme c'est le cas chez le sujet jeune.

L'étude de ces phénomènes, principalement menée en expérimentation animale (pour revue, voir Laurence et Stein, 1978; Jeannerod et Hécaen, 1979), a cependant donné des résultats souvent contradictoires et d'interprétation difficile quant à leur importance dans les phénomènes de récupération, et quant au rôle de l'âge. Il n'est pas rare en effet que le bourgeonnement axonal collatéral ait en fin de compte un effet nocif, déterminant non une récupération fonctionnelle mais au contraire l'apparition de comportements anormaux liés à une réinnervation anarchique, en dehors des sites habituels des contacts synaptiques. L'hypothèse, proposée par Teuber (1972) d'un meilleur équilibre chez le sujet jeune entre les aspects «favorables» et «défavorables» de la plasticité, reste ainsi, à l'heure actuelle, purement spéculative.

c) *«Substitution fonctionnelle» ou «compensation»*

Ce phénomène, le plus important dans les mécanismes de récupération, indique la possibilité de prise en charge d'une fonction détruite, par un autre système fonctionnel.

Dans le phénomène de «redondance», il y a médiation quasi identique de la fonction altérée, en général par les aires voisines de la zone lésée.

Dans la «substitution», ce sont d'autres systèmes fonctionnels qui seront mis en jeu, aboutissant à un comportement analogue au comportement altéré, mais par d'autres mécanismes.

L'efficacité des possibilités de compensation des effets d'une lésion focale semble inversement corrélée au degré d'engagement fonctionnel de zones vicariantes, à leur «maturation». Les expériences de Goldman (1975) sur certains primates, montrant le rôle de la maturation fonctionnelle dans les capacités de prise en charge substitutive, sont à cet égard décisives.

Chez l'homme, et en particulier dans l'aphasie de l'enfant, quelques cas prouvés de récupération homolatérale, et sans doute de prise en charge par les zones voisines de l'aire lésée, ont été décrits. Ainsi, Penfield et Roberts (1959) ont montré que dans certaines tumeurs hémisphériques récidivantes de l'enfant, des ablations chirurgicales en série provoquaient, à chaque fois, une aphasie, indiquant la persistance de la prise en charge homolatérale du langage. Hécaen (1976) a aussi décrit le cas d'une fille droitière de 12 ans, ayant présenté une aphasie post-opératoire minime après ablation d'un astrocytome du pied de F_3 à gauche et qui, à l'âge de 19 ans, développera une aphasie durable cette fois, liée à la radionécrose de l'aire de Broca. L'explication proposée est celle du non-engagement des zones voisines du pied de F_3 lors du premier épisode et de l'atteinte, lors du second, de ces zones «compensatrices». On notera cependant, comme Möhr (1976) l'a récemment établi, qu'une atteinte du pied de F_3 est insuffisante pour entraîner chez l'adulte l'apparition d'une «aphasie de Broca». L'aphasie de Broca n'apparaîtrait qu'après une atteinte plus large. Le cas présenté par Hécaen pourrait donc s'interpréter sans faire appel à un processus de compensation.

d) Récupération du langage par «transfert» à l'hémisphère droit

Chez l'animal, où la majorité des fonctions ont une représentation corticale bilatérale, pour déterminer des troubles comportementaux, les ablations d'aires fonctionnelles doivent affecter les deux côtés du cerveau.

Chez l'homme, les hémisphères cérébraux ont une asymétrie fonctionnelle et, chez l'adulte, des lésions hémisphériques unilatérales provoquent des troubles différents selon la latéralisation de la lésion. Les choses sont moins nettes chez l'enfant où, selon certains auteurs, le langage aurait initialement une représentation corticale bilatérale (cf. pour plus de détails, le chapitre VI de ce livre). Dans cette perspective, il n'y aurait pas à proprement parler de véritable transfert à l'hémisphère droit des fonctions langagières (puisque cet hémisphère est déjà impliqué dans le fonctionnement de ces conduites) mais une prise en charge isolée du langage[3].

Mais qu'il s'agisse d'un transfert vrai ou de la poursuite d'un mode de fonctionnement antérieur, le degré de maturation de l'hémisphère droit paraît bien être une variable capitale, et, avec l'âge, ses capacités supplétives se réduisent considérablement (voir plus loin la discussion sur la notion de période critique). Mais l'âge ne semble pas être le seul facteur déterminant; la localisation lésionnelle paraît aussi cruciale dans l'apparition d'un changement de «latéralisation du langage». En effet, divers auteurs, dont Milner (1974), ont montré, en utilisant le test de Wada, qu'une lésion unilatérale hémisphérique gauche détermine un transfert à l'autre hémisphère dans près de 15 % des cas lorsque la lésion est survenue à un âge inférieur à 5 ans, dans 4 % des cas seulement lorsqu'elle a été plus tardive. Cependant à atteinte lésionnelle d'importance égale, une entreprise de la région temporo-pariétale postérieure paraît nécessaire pour provoquer le transfert interhémisphérique. Des résultats analogues ont été obtenus par Rasmussen (1964) ou Landsdell (1969). Enfin, la persistance à l'âge adulte de ce mode de récupération a été observée dans plusieurs travaux (Kinsbourne, 1971; Czopf, 1972; Yarnell et al., 1976).

On dispose également pour étudier ce phénomène de données issues du test d'écoute dichotique. Ce test présente, sur la méthode de Wada, l'avantage d'être dépourvu de risques pour le patient et de permettre l'investigation

---

[3] Selon Geschwind, le fait que la récupération du langage se déclenche après une période de 3 mois en moyenne indique qu'il ne peut s'agir, ni de la simple levée de la diaschisis (l'intervalle est trop long), ni d'un apprentissage de novo du langage (l'intervalle est cette fois trop court), mais d'une levée de l'inhibition exercée par l'hémisphère gauche sur le droit (levée d'inhibition due à la dégénérescence transsynaptique de neurones «inhibiteurs», dont l'existence demeure — il faut l'admettre — purement spéculative).

des capacités réceptives des deux hémisphères. Il peut ainsi être administré à différents moments après la lésion cérébrale au même sujet et indiquer de la sorte selon quel gradient temporel s'installe le changement de dominance.

Dans le test d'écoute dichotique[4], des stimuli auditifs différents sont présentés simultanément aux deux oreilles. Il a été suggéré (Kimura, 1961) qu'une supériorité des scores de rappel pour le matériel arrivant à une oreille traduisait un meilleur traitement de ce matériel par l'hémisphère opposé. C'est ainsi qu'un matériel verbal (syllabes, chiffres, mots) donne en général un meilleur rappel pour les stimuli présentés à l'oreille droite. Cet avantage de l'oreille droite traduirait une supériorité de l'hémisphère gauche vu l'importance fonctionnelle des voies auditives croisées. En cas de lésion hémisphérique unilatérale, on assiste habituellement à un affaiblissement marqué des scores obtenus par l'oreille opposée à la lésion. Le matériel verbal présenté à l'oreille gauche serait également traité par l'hémisphère gauche: en ce sens qu'après un passage par l'hémisphère droit (voie croisée) il atteindrait après transit callosal la zone du langage à gauche. L'existence d'un tel transit callosal a été mis en évidence par Sparks et Geschwind (1968) qui ont observé, en cas d'atteinte calleuse, une extinction pour le matériel présenté à l'oreille gauche. Cette observation implique en effet que le matériel présenté à l'oreille gauche n'a pu être correctement décodé sur base de la voie ipsilatérale (qui joint l'oreille gauche à l'hémisphère gauche), ni n'a pu transiter de l'hémisphère droit (qu'il avait atteint par la voie croisée) vers l'hémisphère gauche suite à l'interruption du transfert callosal. Il convient donc, dans l'appréciation par l'écoute dichotique des effets d'une lésion sur la latéralisation du langage, de bien séparer « l'extinction » observée d'un éventuel change-

---

[4] Pour une présentation détaillée et des commentaires critiques plus approfondis, voir ce livre p. 138 à 143.

ment de «dominance». Quand il y a extinction, l'écart entre les scores obtenus entre les deux oreilles est important — et pour l'oreille qui présente une extinction le score obtenu est proche de zéro. Dans un changement de dominance, les scores sont normaux du point de vue quantitatif, mais de direction opposée, c'est-à-dire que l'on observera par exemple, pour le matériel verbal, une supériorité de l'oreille gauche chez un sujet droitier.

A ce jour, peu d'enfants aphasiques ont été soumis à des examens répétés d'écoutes dichotiques. De plus, pour les rares cas examinés, les résultats obtenus restent d'interprétation difficile. Dans un cas décrit par Pöhl (1979) et concernant un enfant âgé de 6 ans 1/2 ayant subi un infarcissement dans le territoire de la cérébrale moyenne, on assiste parallèlement à une récupération notable du langage oral à un changement des effets latéraux en écoute dichotique. Mais les scores obtenus par l'oreille droite à 8 et 13 mois de distance de l'accident sont à ce point faibles (2 % de réponses seulement) que l'avantage de l'oreille gauche pourrait n'être que le résultat artefactuel d'une extinction droite et donc ne pas signifier une inversion de la dominance hémisphérique.

Les deux autres cas relevés dans la littérature sont d'interprétation tout aussi difficile. A la fois parce qu'il s'agit de sujets gauchers dont la dominance antérieure n'est par conséquent pas prévisible (Ferro et al., 1982; Yeni-Komshian, 1977), soit parce que l'atteinte hémisphérique est bilatérale (Yeni-Komshian, 1977) ou encore parce que l'aphasie a été particulièrement brève, son amélioration relevant peut-être simplement d'une levée de la diaschisis (Ferro et al., 1982). Il reste que la méthode d'écoute dichotique appliquée longitudinalement et mise en rapport avec l'évolution du tableau post-lésionnel pourrait, pour des cas bien choisis, s'avérer utile dans le futur.

L'existence, dans certains cas, d'un transfert des fonctions linguistiques à l'hémisphère droit soulève un autre problème qu'on peut résumer de la façon suivante : cette prise en charge ne se fait-elle pas au détriment des déterminismes habituels de cet hémisphère ? L'éventualité d'un coût à payer en cas de substitution fonctionnelle a d'abord été envisagée par Goldman (1975) à l'occasion d'expérimentations chez l'animal, cet auteur attribuant l'existence de déficits post-lésionnels retardés au « détournement » des fonctions habituellement remplies par les zones devenues suppléantes. C'est ce que Milner (1974) appellera l'effet de « crowding » ou d'hyperdensité fonctionnelle liée à la concentration en un substrat restreint d'habiletés trop diverses. Chez l'homme, cet effet se manifesterait principalement dans la récupération du langage, qui se ferait au détriment des fonctions de l'hémisphère droit. Autrement dit, la prise en charge par l'hémisphère droit des fonctions langagières ne se ferait pas « sans prix » et viendrait entraver le plein développement des fonctions normalement sous la dépendance de cet hémisphère.

Si une telle récupération aux dépens de l'hémisphère droit existe, elle semble en tout cas ne se manifester qu'en cas de lésions très précoces et Hécaen (1976), par exemple, souligne dans sa série d'enfants aphasiques la quasi-absence de troubles visuo-spatiaux et l'existence de Q.I.P. en général supérieurs aux Q.I.V.

C'est un travail de Landsdell (1969), sur une série de jeunes adultes avec foyers épileptiques focalisés et consécutifs à une lésion en bas âge, qui apporte les premiers éléments empiriques à situer dans ce débat. En effet, au moyen d'une analyse factorielle menée sur les scores obtenus par les sujets cérébrolésés aux subtests de l'échelle d'intelligence de Weschler, et auteur va obtenir les résultats suivants : pour les sujets qui ont, suite à une lésion gauche, leur langage situé dans l'hémisphère droit (contrôlé par le test de Wada), plus la lésion est précoce et moins le Q.I. verbal est atteint. Une lésion survenant avant l'âge de 5 ans conduit à des scores verbaux en moyenne supérieurs aux scores non verbaux, ces derniers étant eux-mêmes inférieurs aux normes. Par contre, les lésions gauches survenant après l'âge de 5 ans conduisent à des scores non verbaux supérieurs aux scores verbaux. Il semblait donc possible de suggérer à partir de ce travail que, si l'hémisphère droit prend très tôt le relais du gauche, il le fait avec efficacité, mais au détriment de ses propres déterminismes fonctionnels. Par contre, s'il prend le relais plus tardivement, son efficacité pour le langage n'est plus que partielle, cet hémisphère étant sans doute davantage spécifié dans ses modes de fonctionnements propres.

Malheureusement les autres études consacrées à ce problème conduisent à des données plus difficilement interprétables dans ce cadre. Les principales études dans ce domaine ont été réalisées par Woods et Teuber (1978) et Woods et Carey (1979). Les résultats des sujets d'un groupe précoce (lésion survenue avant 1 an) sont comparés à ceux d'un groupe tardif (lésion entre 1 et 5 ans) et à ceux d'un groupe de sujets témoins. Les comparaisons effectuées concernent l'écart entre le Q.I.V. et le Q.I.P. et les résultats obtenus à des tests visuo-spatiaux. Ces analyses sont conduites alors que les sujets ont un âge moyen de 14-15 ans. Les premières études indiquent, quel que soit le côté de l'atteinte, une diminution du Q.I.P. en cas de lésion précoce. Cette diminution du Q.I.P. est cependant beaucoup plus nette en cas de lésion droite et, en cas de lésion gauche elle est accompagnée d'une diminution du Q.I.V. Ces données ne sont cependant pas confirmées dans l'étude plus récente de Woods et Carey (1979) où des Q.I. totaux et différentiels semblent modifiés de manière analogue, que les lésions gauches soient précoces ou tardives. Woods et Carey (1979) ont par ailleurs administré à ces mêmes groupes un test visuo-spatial plus fin (test de figures enchevêtrées). En cas de lésions «précoces», on observe une discrète altération des résultats pour les lésions gauches et un déficit plus marqué pour les lésions droites. Pour le groupe plus «tardif», en cas de lésions gauches, l'altération est à peine sensible, elle paraît toutefois nette en cas de lésions droites. Ces données dans le domaine visuo-spatial, sans contredire l'hypothèse d'un effet de crowding touchant ce type d'activité, ne constituent cependant pas un argument en sa faveur. On notera par ailleurs, que le raisonnement des auteurs est conduit sur base de la nature du matériel employé dans leurs tests (matériel visuo-spatial opposé à matériel verbal); l'utilisation d'une telle dichotomie peut masquer l'existence de traitements ou stratégies cognitives plus générales et sélectivement sensibles à l'atteinte de l'un ou l'autre hémisphère. Ainsi la tâche dite «visuo-spatiale» utilisée par Woods et Carey (1979), et qui consiste à demander au sujet de retrouver dans des dessins entremêlés une forme plus simple qui y est dissimulée, peut être tantôt interprétée comme une tâche hémisphérique droite parce qu'elle implique du matériel visuel, tantôt comme une tâche hémisphérique gauche parce qu'elle nécessiterait le développement de traitements analytiques du matériel présenté. Par ailleurs, les travaux conduits au moyen de la Weschler Bellevue ou de la Wais sont encore plus criticables, l'isolement au sein des subtests de ces épreuves de facteurs spatiaux et verbaux n'indiquant en aucun cas qu'on puisse isoler leur incidence dans l'analyse des difficultés rencontrées par les sujets. On rappellera d'ailleurs à cet égard que des scores différentiels au Q.I.P. et au Q.I.V. ne sont corrélés chez l'adulte au siège gauche ou droit des lésions qu'en phase lésionnelle aiguë. Les moyens mis en œuvre aujourd'hui paraissent donc insuffisants au moins sur le plan méthodologique. Les mêmes critiques peuvent être adressées aux rares travaux menés sur les cas d'hémisphérectomies. Il n'est donc pas étonnant qu'ils conduisent également à des constats contradictoires: altération caractéristique des tests «visuo-spatiaux» (substests de l'I.T.P.A.) en cas d'hémisphérectomie droite pour Dennis (1980), altération visuo-spatiale quelle que soit la latéralité de l'hémisphérectomie précoce pour Verity et al. (1982). Mais dans ce dernier travail on ne peut exclure l'existence d'éventuelles atteintes bilatérales! L'hypothèse d'un effet de crowding n'est donc pas démontrée aujourd'hui; il s'en faut de beaucoup cependant pour qu'elle soit réfutée. En fait, il reste à l'examiner plus soigneusement et sur un nombre plus étendu de cas.

Enfin, qu'en est-il à la lumière des travaux actuels de l'hypothèse proposée par Teuber et selon laquelle ce serait l'absence «d'implication fonctionnelle» des zones hémisphériques droites qui, permettant le «transfert» de langage, serait à la base du «surpeuplement» fonctionnel. L'ensemble des données disponibles semble contredire cette supposition. En effet, les travaux de Trevarthen (1964) et Bower (1974) semblent indiquer que les capacités visuo-spatiales sont déjà fort développées chez le jeune nourrisson. Certains auteurs vont même jusqu'à supposer une prédominance, au début de la vie, des fonctions cognitives sous la dépendance de l'hémisphère droit (Brown et Jaffé, 1975). Peut-être est-ce davantage à l'idée d'un gradient évolutif différentiel, à structure hiérarchique, favorisant progressivement les capacités langagières, qu'il faille se rattacher. Selon Smith en effet, on assisterait, en cas d'hémisphérectomie précoce, à un développement toujours plus rapide, quel que soit le côté de la lésion, des capacités langagières par rapport aux capacités visuo-spatiales. Plutôt qu'une altération de fonctions, il s'agirait donc davantage d'un phénomène de précession. Là aussi, la prise en considération de la variable «âge au moment du testing» devrait contribuer à l'éclaircissement de certaines contradictions.

e) *Conclusions*

En conclusion, il semble bien que l'amélioration des performances verbales après lésion cérébrale soit, pour l'essentiel, due à deux types de mécanismes différents, mais complémentaires: certains utilisent la redondance existant dans le SNC — il y a restitution fonctionnelle; d'autres procèdent par réorganisation — il y a alors substitution fonctionnelle. Si, d'une manière générale, l'âge semble un facteur favorable, il ne peut en aucun cas être considéré de manière isolée, et l'étendue, la localisation, la nature de la lésion paraissent être des facteurs tout aussi importants. Quant aux mécanismes neurophysiologiques postulés en dehors du facteur général de levée de la diaschisis, il y a les phénomènes de plasticité cérébrale et le transfert de tout ou partie des fonctions langagières à l'hémisphère droit. Cette inversion de dominance serait cependant l'exception plutôt que la règle; quelques données récentes indiquent qu'elle pourrait également se produire chez l'adulte. Enfin, quand elle survient chez l'enfant, il est possible qu'elle se fasse au détriment des spécificités fonctionnelles propres à l'hémisphère droit. Par ailleurs, en ce qui concerne les possibilités de récupération à long terme qui paraissent propres à l'enfant, notamment celles survenant des années après l'atteinte initiale, aucune hypothèse explicative au plan neurophysiologique n'a, à ce jour, été proposée.

Chapitre VI
Les bases biologiques de l'ontogenèse du langage

I. LA THEORIE DE LENNEBERG ET LA NOTION DE «PERIODE CRITIQUE» POUR L'ACQUISITION DU LANGAGE

1. Introduction

La notion de «période critique» pour l'acquisition d'un comportement dérive en ordre principal de recherches menées en éthologie animale. On peut brièvement la définir de la manière suivante : il s'agit d'un moment privilégié du développement au cours duquel, si des stimulations spécifiques ne sont pas présentées, l'apparition ultérieure de comportements particuliers et propres à l'espèce sera gravement compromise.

Ce concept présente à la fois un versant psychologique : l'apparition de conduites repérables, et un versant neurobiologique : la plasticité particulière d'un sous-ensemble du SNC qui doit, pour se spécifier, être soumis à des stimulations plus ou moins bien définies.

Selon Lenneberg (1967), cette notion, issue de l'observation des conduites animales, serait transférable à l'homme et il existerait une période «critique» pour l'acquisition du langage (conduite, par excellence, spécifique à notre espèce). Cette période irait de 2 ans à la puberté et, au niveau cérébral, correspondrait à l'établissement progressif de la latéralisation à l'hémisphère gauche des processus soustendant le langage. Pour Lenneberg, avant l'âge de 2 ans, on ne peut encore, pour désigner les lallations et le babil, parler de langage véritable. C'est au cours de cette période «pré-langagière» qu'il y aurait équipotentialité fonctionnelle hémisphérique. Après la puberté, la latéralisation pour le langage serait définitivement fixée à l'hémisphère gauche et l'acquisition ultérieure de comportements langagiers nouveaux deviendrait extrêmement difficile. La période critique couvrirait donc la période au cours de laquelle s'effectue le passage de l'équipotentialité initiale à la latéralisation complète du fonctionnement cérébral. C'est ce que résume le schéma ci-dessous.

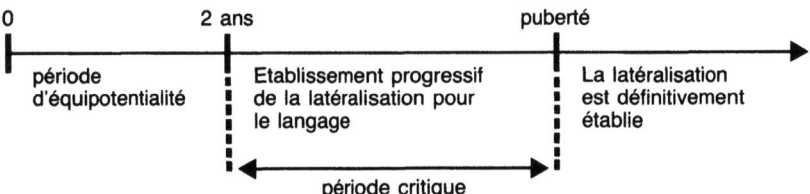

Ce cadre interprétatif développé par Lenneberg dans son ouvrage de 1967, aujourd'hui classique, «Biological Foundations of Language» repose sur trois ordres de données: l'analyse du développement langagier dans les conditions normales, l'examen de la récupération dans le cadre de pathologies cérébrales (en particulier l'aphasie), et enfin l'étude du développement post-natal du cerveau. Examinons pour chacun de ces points la nature des arguments avancés à l'époque par Lenneberg. Dans un second temps, nous les soumettrons à un examen critique sur base des données aujourd'hui disponibles.

2. Le développement du langage normal

L'analyse comparée des données développementales alors disponibles indique, selon Lenneberg, l'existence d'une très grande «régularité» dans l'acquisition des premières étapes du langage. En effet, en dépit d'une certaine dispersion interindividuelle, la proportion d'enfants qui atteignent un même niveau de développement à un âge donné paraît remarquablement constante, ceci même à l'examen d'études interculturelles. Cette régularité dans la succession des étapes d'acquisition, sa relative indépendance vis-à-vis du milieu, comme la présence de repères chronologiques stables amènent Lenneberg à s'interroger sur l'existence d'un déterminisme neurobiologique prépondérant: le langage pourrait (plus que de l'influence du milieu) être le résultat de la maturation génétiquement prédéterminée du cerveau[1].

L'apparition soudaine et rapide du langage proprement dit autour de 2 ans et le ralentissement progressif du rythme des acquisitions jusqu'à la puberté apportent, en outre, du poids à l'hypothèse d'un déterminisme génétique. Ceci d'autant plus, qu'au-delà de la puberté, un phénomène analogue d'apprentissage rapide ne semble plus se produire. Certes, il reste possible d'acquérir une seconde langue dans un milieu bilingue, mais lorsque cette acquisition survient chez l'adulte, elle ne suit pas le même décours temporel, et ne paraît pas résulter de la simple exposition

---

[1] Il n'est pas sans importance de souligner, qu'à cette époque, la psychologie développementale connaît aux U.S.A. une résurgence des thèses innéistes, la psycholinguistique d'inspiration chomskyenne fait une première percée importante et les travaux d'orientations éthologiques sont également à la mode.

à l'environnement linguistique comme c'est, selon Lenneberg, le cas pour l'enfant.

3. Les lésions hémisphériques unilatérales

Un deuxième type de données concerne la pathologie développementale. Selon Lenneberg, dans les différentes conditions pathologiques interférant avec l'acquisition des conduites langagières, l'effet de l'âge joue un rôle déterminant. En cas de non-acquisition d'un répertoire langagier normal, la puberté marquerait un tournant décisif à partir duquel les progrès en langage deviendraient impossibles. Sur le plan rééducatif, pour les retards importants de langage (arriération mentale ou isolement social), il en résulte que toute thérapie doit être entreprise très précocement et en tout cas *avant* la puberté. Au-delà, il y aurait stagnation et plus guère d'espoir d'amélioration sensible des acquis. Mais la principale source d'arguments en faveur de la notion de période critique est fournie par l'analyse de la récupération du langage suite à une lésion hémisphérique survenant durant l'enfance. Se basant sur les données de la littérature (surtout celles fournies par Basser, 1962) et sur quelques cas personnels, Lenneberg décrit l'effet différentiel de l'âge de la manière suivante :

- Une lésion cérébrale survenant avant l'âge de 14 mois environ peut provoquer un retard dans l'apparition du langage, l'apparition du langage coïncidant, selon Basser, avec l'apparition des premiers mots. Mais dans ce groupe d'enfants avec retard de langage se trouvent, en proportions égales, des lésions cérébrales unilatérales droites et gauches. Il n'y aurait par conséquent, avant cet âge, pas encore de latéralisation hémisphérique pour le langage. En outre, puisqu'une atteinte hémisphérique droite aussi bien que gauche détermine un retard d'acquisition du langage, cela signifie que les deux hémisphères cérébraux sont, au cours de cette première période de la vie, tous deux également impliqués dans le contrôle des activités pré-langagières.

- Passé l'âge de 14 mois, la latéralisation fonctionnelle se précise peu à peu, mais demeure imparfaite puisque la fréquence des aphasies par lésions droites chez le jeune enfant resterait plus importante que chez l'adulte.

- Au contraire, après la puberté, la fréquence des cas d'aphasie par lésions hémisphériques droites rejoint celle observée chez l'adulte, c'est-à-dire devient extrêmement faible chez les sujets droitiers. La latéralisation du langage à l'hémisphère gauche serait donc complètement achevée.

A ces données en relation avec la fréquence d'apparition des troubles selon le siège lésionnel, Lenneberg ajoute quelques considérations sur les caractéristiques de la récupération post-lésionnelle. Ainsi, et comme nous l'avons vu au chapitre V (p. 82), pour cet auteur, une récupération complète (attribuée à la prise en charge du langage par l'hémisphère droit) se produit fréquemment lorsque la lésion survient avant l'âge de 8-9 ans. Après la puberté, l'apparition de séquelles permanentes est la règle. Les données de Basser sur les hémisphérectomies précoces et tardives confortent encore l'hypothèse d'une latéralisation progressive. En effet, alors que pour des lésions cérébrales survenant, chez l'adulte droitier, une hémisphérectomie gauche détermine toujours une aphasie grave et permanente, lors de lésions survenues dans la petite enfance, parmi les 52 cas d'hémisphérectomies gauches relevés par Basser et pratiquées entre 10 ans et l'âge adulte, dans 49 cas on n'observe pratiquement pas d'altérations du langage.

Le modèle avancé pour rendre compte de ces données est alors le suivant: au début de la vie et jusqu'à l'apparition du langage proprement dit, c'est-à-dire vers 14 mois (ou vers 2 ans — les données de Lenneberg sont contradictoires à cet égard), les deux hémisphères seraient indistincts sur le plan fonctionnel; c'est la phase dite d'«équipotentialité». Au-delà de cet âge, un gradient de latéralisation s'installe progressivement, provoquant la latéralisation du langage[2] à l'hémisphère gauche, de même que celle d'«autres fonctions» (par exemple, visuo-spatiales) à l'hémisphère droit. Avec le développement de la spécialisation hémisphérique latérale, les possibilités de prise en charge du langage par l'hémisphère droit deviendront, en cas de lésion hémisphérique gauche, de plus en plus limitées. Aux alentours de la puberté (ici aussi Lenneberg oscille pour la définition des âges clés entre 8-10 et 15 ans), la latéralisation est définitivement installée, l'hémisphère droit est devenu incompétent pour le langage, le gauche a assuré définitivement son leadership et, en cas de lésions gauches, l'existence de séquelles définitives serait quasi constante.

4. La maturation cérébrale post-natale

Lenneberg complète ces données d'observations comportementales par un certain nombre de considérations anatomiques, histologiques et biochimiques.

Sur le plan anatomique, la croissance post-natale la plus rapide du cerveau survient chez l'homme au cours des deux premières années de la vie. Ainsi, au cours de cette courte période, le cerveau triple son poids de naissance, tandis que de 2 ans à la puberté, l'accroissement par rapport au poids atteint à 2 ans n'est plus que d'un tiers. Parallèlement à ces indices quantitatifs, les études histologiques démontrent un développement rapide des structures

---

[2] Par commodité et par souci de concision, nous utilisons dans ce chapitre une expression telle de «la latéralisation du langage à l'hémisphère gauche». Il va de soi qu'il s'agit de «la latéralisation des mécanismes neurophysiologiques sous-tendant les activités langagières».

neuro-anatomiques au cours des deux premières années, suivi d'un ralentissement du rythme de développement jusqu'à la puberté où la maturation cérébrale est pour l'essentiel terminée (voir les travaux de Conel, 1939, pour les arborisations dendritiques; ceux de Schade et Van Groeningen, 1961, pour la croissance neuronale et ceux de Flechsig, 1927, pour la myélogenèse).

Des profils analogues d'évolution émergent des analyses consacrées au développement post-natal de différents composants biochimiques du cerveau comme les cérébrosides, les lipides et les phosphatides (Folch-Pi, 1952; Brante, 1949). L'ensemble des données biochimiques ne conduit cependant pas à un tableau parfaitement homogène; certains composants (cholestérol, cérébrosides) montrent un infléchissement rapide de leur taux de progression; d'autres au contraire, comme les phosphatides, continuent leur progression bien au-delà de la puberté.

Toutefois, à de rares exceptions près, l'ensemble des paramètres neurobiologiques de la croissance cérébrale s'organise en un profil temporel compatible avec les données concernant le développement linguistique : un développement initialement rapide, suivi d'un ralentissement couvrant une période de 2 ans à 12 ans, pour atteindre à la puberté un stade de maturation achevé. Pour Lenneberg, il s'agit là d'indices biologiques témoignant de l'existence d'une période critique.

II. CRITIQUE ET REINTERPRETATION DE LA THEORIE DE LENNEBERG A LA FAVEUR DES DONNEES ACTUELLES

1. Les données pathologiques

a) Lésions hémisphériques droites et aphasie

Comme on l'a vu, parmi les attendus de la théorie de Lenneberg, un des principaux arguments avancés est la fréquence élevée, dans les séries d'enfants, d'aphasies faisant suite à une lésion hémisphérique droite. A la période critique correspondrait donc une latéralisation progressive des fonctions langagières dans l'hémisphère gauche. Ce problème est cependant aujourd'hui réexaminé et discuté par plusieurs auteurs. En fait, comme le soulignent Woods et Teuber (1978), cette fréquence élevée était surtout observée dans les descriptions anciennes (Freud, 1897; Clarus, 1874; Ford, 1927) pour qui près d'un tiers des cas d'aphasie de l'enfant pouvait être attribué à la présence d'une lésion hémisphérique droite. Woods et Teuber (1978) vont très justement souligner la probabilité d'une représentation excessive de gauchers dans ces séries, étant donné la relative difficulté d'établir avec certitude la dominance manuelle chez le jeune enfant. Ces auteurs soulignent également qu'une large majorité des cas d'hémiplégie aiguë avec aphasie survient chez l'enfant dans un contexte infectieux. Ce type d'atteintes avant l'avènement de l'antibiothérapie et des possibilités de rééquilibrage hydro-électrique déterminait fréquemment des «encéphalites» toxiques diffuses (Lyon et al., 1961) et bien des cas supposés porteurs d'une atteinte hémisphérique unilatérale droite devaient souffrir en fait d'altérations plus diffuses au plan cellulaire et donc davantage bilatérales. A l'appui de leur thèse, Woods et Teuber observent en outre que, depuis la mise en œuvre des moyens modernes de traitements médicaux, c'est-à-dire autour de la fin des années 30, on assiste dans les séries à une diminution considérable des cas d'aphasie par lésion droite. En fait, les quelques cas encore signalés seraient soit des sujets gauchers, soit des enfants dont la latéralité manuelle est ambiguë.

Notre revue de la littérature semble étayer les arguments de ces auteurs. Ainsi, dans la série de Guttmann (1942), un seul enfant, parmi les 30 lésions hémisphériques étudiées, est aphasique par lésion droite. Il s'agit de plus d'une atteinte traumatique où une lésion de l'hémisphère gauche par «contrecoup» ne peut être exclue.

Dans la série d'Alajouanine et Lhermitte (1965), on ne relève aucune lésion droite, et dans celle de Byers et Mc Lean (1962) il n'y a qu'un cas de lésion droite. Il s'agit d'une enfant gauchère âgée de 8 ans et qui récupèrera rapidement. Ces derniers auteurs constatent en outre qu'aucun droitier manuel de leur série n'a présenté d'hémiparésie gauche, donc de lésion hémisphérique droite nette.

Parmi les 18 aphasies traumatiques d'Assal et Campiche (1973), si la prévalence manuelle des trois enfants les plus jeunes est ambiguë, les 15 autres cas sont clairement droitiers. Pour 12 de ces cas, l'hémiparésie avec syndrome pyramidal est droite et les cas d'aphasie à évolution défavorable présentent tous un syndrome pyramidal droit. Ces auteurs constatent en outre des signes de dominance hémisphérique déjà bien installée: la durée de suppression de la parole est plus longue en cas d'atteinte gauche (20 jours 4 heures contre 15 jours 4 heures) et les aphasies importantes résultent toujours de lésions gauches.

Collignon (1968) décrit trois cas d'aphasie par lésion droite, mais dans deux cas il s'agit de gauchers. Le troisième cas concerne une petite fille de 3 ans et demi «probablement droitière». Après un coma de trois jours, elle montre une importante abolition de l'expression spontanée, de la répétition et de la dénomination tandis qu'elle ne répond qu'aux ordres simples. Les troubles disparaîtront en 15 jours.

La série d'Hécaen comprend deux cas de lésion droite, l'une d'origine traumatique chez un gaucher âgé de 6 ans qui, à côté de troubles du langage écrit, présente des troubles du langage oral exclusivement d'ordre articulatoire, lesquels disparaîtront en un an et demi. L'autre cas, un garçon de 3 ans et demi, droitier, ne présentera, après un mutisme de 6 jours, que des troubles articulatoires se normalisant en 15 jours. L'auteur en conclut que, tandis que la fréquence des troubles du langage par lésion gauche dans sa série est de 88 %, elle est de 33 % dans les lésions droites, ce qui rapproche ses chiffres de ceux de la série de Basser (86 % dans les lésions gauches et 46 % dans les lésions droites). Hécaen nuance cependant ce rapport en suggérant que les chiffres de sa propre série sont sans doute artificiellement amplifiés du fait que 6 lésions droites seulement figurent à côté de 16 lésions gauches, ce qui rend la comparaison peu valide au plan statistique.

Dans la série de Woods et Teuber (1978), deux cas sur les 11 lésions droites du groupe «rétrospectif» ont présenté une aphasie; l'un était gaucher; l'autre, droitier, âgé de 5 ans et demi, souffrait d'une lésion par balle à trajectoire fronto-occipitale. Dans la série de cas examinés personnellement par les auteurs, on relève également deux aphasies parmi 20 lésions droites. Dans un cas, il s'agissait d'un gaucher; dans l'autre cas, d'un enfant, âgé de 4 ans et dont la prévalence manuelle n'est pas connue.

Ces données sont à rapprocher d'un travail de Kinsbourne et Hiscock (1977) qui reprennent les dossiers d'une cinquantaine de cas de lésions cérébrales chez l'enfant. Si des critères de description précis sont choisis, permettant d'écarter les cas douteux, 8 cas seulement d'aphasie vraie paraissent pouvoir être retenus et tous sont liés à une lésion gauche. Enfin, le cas unique décrit par Ferro et al. (1982) d'aphasie expressive à récupération rapide après infarcissement striato-insulaire droit concerne une enfant de 6 ans, gauchère elle aussi.

Au total, lors des lésions droites, les cas de gauchers ou de prévalence manuelle ambiguë exceptés, la fréquence d'aphasies vraies impliquant un trouble effectif du langage plutôt que d'éventuels troubles arthriques paraît particulièrement faible dans l'ensemble de ces séries. C'est aussi ce que confirme une analyse statistique complexe menée par Bullard (1982), appliquée aux données principales de la littérature, et qui montre, en écartant les cas douteux, que la probabilité d'aphasie droite dans les séries combinées d'Hécaen et de Woods/Teuber est égale à zéro. Toutes ces données remettent bien sûr en question la théorie de Lenneberg et apportent de sérieux arguments aux théories développementales de l'«invariance» que nous exposerons plus loin.

En fait, la seule série détaillée et divergente est celle, plus ancienne, de Basser (1962). On peut certes, comme Woods et Teuber et Bullard l'ont fait avant nous, suspecter dans les cas d'aphasie par lésion droite présentés dans cette étude la présence insoupçonnée de lésions diffuses de nature infectieuse, mais il reste que Basser s'est rallié non à un seul mode d'organisation cérébrale du langage chez l'enfant, mais a, au contraire, suggéré l'existence de trois modèles d'évolution distincts. Les analyses de cet auteur méritent le détour parce que, d'une part, elles empêchent peut-être de prendre trop hâtivement position en faveur des théories de l'invariance, et que, d'autre part, elles reposent sur d'autres données pathologiques que celles discutées jusqu'à présent.

Dans le premier mode d'organisation avancé par Basser, les deux hémisphères participeraient au langage dès le début de la vie, la latéralisation ne s'effectuant que progressivement. L'existence de ce mode serait attesté par la présence de cas d'aphasie par lésion droite chez trois enfants qui, après hémisphérectomie droite, n'ont plus présenté de troubles du langage, indiquant l'existence d'une bilatéralité initiale ou la facilité du transfert «total» de la représentation hémisphérique du langage. C'est ce premier mode d'organisation qu'a développé Lenneberg; c'est aussi ce mode qui a été discuté et par la suite contesté dans la littérature (cf. supra).

Dans le deuxième mode d'organisation, il y aurait latéralisation initiale du langage à l'hémisphère gauche. Les lésions extensives de l'hémisphère droit n'amenant aucun signe aphasique. C'est, on le verra, pour les tenants de l'«invariance», le mode d'organisation le plus acceptable aujourd'hui.

Enfin, dans le troisième mode d'organisation, il y aurait une latéralisation initiale du langage à l'hémisphère droit. A l'appui de cette dernière hypothèse, Basser présente le cas de deux sujets droitiers ayant présenté une lésion gauche extensive suivie d'une hémisphérectomie gauche n'ayant ni l'une ni l'autre entraîné de troubles du langage. Ce dernier mode d'organisation du langage, habituellement non discuté dans la littérature, mérite peut-être attention. Si l'on examine, dans les séries récentes, les cas d'enfants n'ayant pas présenté d'aphasies après une lésion gauche, on en trouve dans les séries de Guttmann et d'Hécaen, mais les lésions en cause paraissent différentes de celles qui ont entraîné l'apparition d'une aphasie, ce qui n'est pas le cas chez Basser. La série de Woods et Teuber est plus intéressante, puisque sur les 36 cas de lésions gauches (groupe rétrospectif + groupe examiné) 8 n'ont pas présenté d'aphasie. Et pour deux cas au moins, les lésions restées muettes paraissent en tout point analogues à celles qui sont habituellement parlantes; dans les deux cas elles entreprennent le territoire d'irrigation de la carotide ou de la cérébrale moyenne.

Il reste cependant bien difficile de se prononcer sur l'existence de ce troisième mode d'organisation du langage mis en avant par Basser. D'une part, les échantillons à disposition sont petits; d'autre part, il semble a priori peu économique d'imaginer un développement de l'organisation du cerveau consistant à transférer au cours d'une ontogenèse normale les processus sous-tendant le langage d'un hémisphère à un autre. Un biais d'échantillonnage n'étant pas exclu, on peut donc soit supposer l'existence de lésions en deux temps (ayant provoqué le transfert du langage à l'hémisphère contralatéral *avant* l'apparition du langage), soit, pour les deux cas de Basser où ce type d'explication semble peu vraisemblable au vu des données anatomopathologiques présentées, suspecter l'existence d'une gaucherie manuelle ou la présence de cas de représentation croisée du langage (dont l'incidence, bien que faible, est amplement démontrée chez l'adulte droitier).

En conclusion, l'un des principaux arguments en faveur de l'équipotentialité initiale des hémisphères cérébraux concernant le langage semble bien pris en défaut. La fréquence des aphasies par lésion droite ne paraît pas, quel que soit l'âge, plus élevée chez l'enfant que chez l'adulte. Il est cependant possible, comme le suggère Ferro (1982), qu'il existe chez l'enfant une plus grande proportion d'aphasie par lésions droites en cas de gaucherie manuelle. Mais le nombre de cas, pour étayer cette hypothèse, est insuffisant et des biais de sélection restent toujours possibles.

b) *Equipotentialité hémisphérique et lésions précoces*

Un deuxième argument avancé par Lenneberg est dérivé de l'observation des effets retardés sur le développement du langage de lésions cérébrales survenant chez le nourrisson *avant* l'apparition du langage. En effet, selon le modèle de Lenneberg, une lésion survenant avant l'apparition du langage, et donc avant que ne s'installe un début de latéralisation, devrait avoir des effets ultérieurs identiques, quel que soit l'hémisphère concerné, ceux-ci pouvant consister soit en un léger retard, soit en l'absence complète de troubles différés. Les deux hémisphères étant avant 2 ans équipotentiels, la lésion de l'un retentirait sur le langage de la même façon que celle de l'autre.

A première vue au moins, les faits alors à disposition donnent raison à Lenneberg. Dès 1868, Cotard signalait déjà le développement normal du langage lors de lésions hémisphériques gauches congénitales et Pierre Marie affirmait en 1922 que «lorsque la lésion cérébrale est survenue à un âge trop tendre pour que l'enfant ait eu le temps d'adapter la région pariéto-temporale de son hémisphère gauche à la fonction de la parole, cette région a pu être détruite sans que plus tard l'enfant présente d'aphasie». Si le langage, une fois apparu, paraissait se développer normalement, le moment de son installation pouvait toutefois être retardé. Mais dans l'apparition d'un tel retard, la latéralisation lésionnelle paraissait indifférente (Bernhard, 1885; Kastein et Hendin, 1951). En fait, lorsqu'un retard s'installait, celui-ci semblait surtout lié à l'existence d'un retard mental ou d'une épilepsie associée (Basser, 1962; Aicardi et al., 1969; Goutières et al., 1972).

L'ensemble de ces constats était cependant asservi à la qualité des observations cliniques et, en ce qui concerne le langage, le principal critère utilisé pour l'appréciation du retard se limitait à relever l'apparition des premiers mots significatifs (critère de Gesell). Les travaux utilisant des critères plus élaborés vont amener une modification des vues précédentes. Ainsi Annett (1973) met en évidence, après lésions cérébrales précoces (antérieures à 1 an), une proportion plus importante de troubles du langage lorsque la lésion est hémisphérique gauche. Pour cet auteur, 32 % des troubles apparaîtraient après une lésion hémisphérique gauche contre 10 % seulement après lésion droite. Bishop (1967) souligne, quant à lui, que si les conclusions des études anciennes restent valides pour ce qui concerne l'âge d'apparition des premiers mots et la présence éventuelle de troubles articulatoires, il n'en va pas de même pour l'acquisition des premières structures syntaxiques où un retard significatif apparaît en cas de lésions gauches.

Ces observations seront confirmées par plusieurs travaux rétrospectifs, à savoir que, même en cas de lésion cérébrale survenue avant l'âge de 2 ans, un effet différentiel selon la latéralisation lésionnelle est observé sur le développement ultérieur du langage. Et, par exemple, l'analyse différée des performances à la WISC indique chez les enfants précocement cérébrolésés à gauche l'existence de déficits aux sub-tests d'"épreuves saturées en facteur verbal et, chez les enfants cérébrolésés à droite, l'existence de difficultés aux sub-tests saturés en facteurs visuo-spatiaux.

Il y a cependant des nuances à introduire dans ce constat d'ensemble et un travail récent de Woods et Carey (1979) mérite attention. Ces auteurs observent, en effet, au moyen d'une batterie de tests psycholinguistiques fins, une absence de déficits chez 11 sujets dont la lésion gauche est survenue avant l'âge d'apparition des premiers mots. Cette absence d'effet contraste avec les déficits apparaissant chez des sujets «anciens aphasiques» ayant subi une atteinte cérébrale plus tardivement. Mais ce travail porte sur des sujets dont l'âge moyen au moment du testing est de 17 ans, c'est-à-dire un âge plus élevé que dans les études précédentes. L'absence d'effet de la lésion précoce pourrait donc n'être due qu'aux capacités de récupération à long terme en cas de lésions précoces. En fait, il manque d'études prospectives procurant l'analyse de suivis à long terme.

Mais la difficulté dans l'interprétation est surtout d'ordre théorique, car il nous semble que les données issues des lésions survenues *avant* l'apparition du langage ne peuvent être utilisées ni pour ni contre la théorie de l'équipotentialité effective telle qu'avancée par Lenneberg. En effet, le fait qu'un enfant ayant subi une lésion cérébrale avant l'âge de 2 ans présente à 17 ans un profil langagier normal ne signifie en aucune mesure que l'hémisphère droit était *au moment de l'atteinte* effectivement engagé *à l'égal du gauche* dans les premiers traitements pré-langagiers. La seule conclusion qu'il est légitime de tirer des travaux de Woods et Carey, c'est qu'en cas de lésions précoces de l'hémisphère gauche, l'hémisphère droit peut remplir *un rôle de suppléance*. Il s'agit alors moins d'*équipotentialité effective* que d'*équipotentialité «potentielle»* ou *«latente»*. Dans une telle perspective, on constate donc simplement que l'hémisphère droit peut en cas de lésion précoce prendre en charge (et sans doute à sa manière) tout ou partie du développement langagier.

Les éléments à introduire dans la discussion concernent alors les faits en faveur d'un tel transfert inter-hémisphérique, les limites temporelles de sa réalisation et son efficience au plan comportemental. Autrement dit : dans quelles conditions un tel transfert peut-il se produire et jusques à quand ? Quelle est son efficacité et l'organisation des conduites qui en émerge est-elle semblable ou différente de celle qui aurait prévalu sans lésion ?

En conclusion donc, les faits issus de l'étude des lésions survenant avant l'acquisition du langage ne peuvent servir à confirmer la théorie de Lenneberg. En effet : soit il y a absence d'effet différentiel, mais ceci renvoie à une équipotentialité en puissance mesurée au niveau des réalisations et non d'une équipotentialité initiale effective ; soit un effet différentiel est observé et, dans ce cas, il peut ne s'agir que de la mesure des limites de la suppléance fonctionnelle hémisphérique droite. En aucun cas donc, ces données ne permettent d'affirmer que, durant l'enfance, l'hémisphère droit jouerait un rôle plus important que chez l'adulte dans le contrôle des activités langagières, ni a fortiori un rôle identique à celui de l'hémisphère gauche.

c) *Capacités linguistiques de l'hémisphère droit: ses limites dans les hémisphérectomies précoces*

La question ouverte par les remarques précédentes est donc celle des capacités de suppléance de l'hémisphère droit. L'existence de telles capacités ne peut être discutée; l'absence d'aphasie après hémisphérectomie gauche chez l'enfant et même, dans certains cas, l'amélioration du langage après une telle intervention en sont des témoins indiscutables. L'étendue d'un tel transfert reste cependant difficile à déterminer dans le détail. Dans nombre de cas, le niveau intellectuel des enfants hémisphérectomisés est voisin de la limite inférieure, et leurs capacités expressives réduites en raison notamment de crises de convulsions fréquentes et de troubles graves du comportement. Si, en règle générale, l'opération atténue la fréquence des crises et améliore le comportement de l'enfant, les cas examinables restent l'exception. Les déficits attentionnels et/ou motivationnels de ces enfants, le plus souvent, ne permettent donc pas l'application d'examens neuropsychologiques étendus. Certains travaux contemporains présentent cependant des données plus fournies.

Dans différentes études, Dennis et ses collaborateurs (Dennis et Kohn, 1974; Dennis et Whitaker, 1976; Dennis, 1981...) comparent à diverses tâches psycholinguistiques deux groupes de sujets présentant des Q.I. identiques et ayant subi une ablation précoce (avant 5 mois) de l'hémisphère gauche ou de l'hémisphère droit. A la fin de la première décennie, ces auteurs observent l'existence de profils différents selon la latéralisation de la lésion: certaines capacités visuo-spatiales sont altérées après hémisphérectomie droite, tandis que des déficits langagiers sont décelés après hémisphérectomie gauche. En outre, l'acquisition de certaines conduites complexes paraît retardée dans les deux groupes. En ce qui concerne les capacités langagières de l'hémisphère droit suppléant, plusieurs observations sont faites. Alors que les capacités phonémiques et sémantiques paraissent bien développées, en dépit d'un accès lexical peut-être déviant, certaines capacités syntaxiques élaborées sont perturbées, tant dans leurs aspects productifs que réceptifs. Il s'agit surtout d'un échec pour des jugements d'acceptabilité grammaticale des formes négatives passives. La réalisation du Token Test indique également l'existence de déficits, particulièrement dans la 5e partie de cette épreuve. La dernière partie du Token Test ne différant pas des précédentes au niveau lexical, il s'agit donc à nouveau de difficultés syntaxiques plutôt que sémantiques. Les différences au Token Test paraissent cependant s'atténuer avec l'âge, puisque au-delà de 20 ans, ce test est réalisé normalement. Cette disparition progressive d'un déficit observé dans la suppléance hémisphérique droite peut être rapprochée d'une observation de Smith sur un cas d'hémisphérectomie gauche réalisée à 5 ans 1/2 pour épilepsie après lésion périnatale. Ce cas montrera en effet une amélioration lentement progressive du Q.I. verbal jusqu'à atteindre, à l'âge adulte, des capacités supérieures.

Ce mode évolutif d'amélioration continue et à long terme des capacités langagières n'est pas sans évoquer également les observations faites par Woods et Teuber (1978) sur la récupération dans l'aphasie de l'enfant (cf. supra, chapitre V, pp. 83-84).

Les observations de Dennis semblent cependant suggérer qu'il y aurait une limite (au moins initiale) aux possibilités de suppléance de l'hémisphère droit. Il pourrait s'agir de l'effet de «crowding», décrit par Milner, selon lequel l'hémisphère restant, contraint de développer à la fois ses propres fonctions et celles de l'hémisphère ôté, le ferait «par manque de place» au détriment de certaines fonctions. Si cet effet a été essentiellement mis en évidence dans des activités visuo-spatiales, il n'est pas exclu qu'un effet analogue ne puisse intervenir pour certains aspects complexes des conduites langagières. Dans une autre direction, on peut penser que les limites de la suppléance hémisphérique droite sont dues à la pathologie spécifique des cas de Dennis, atteints de la maladie de «Sturge-Weber» et opérés précocement en raison de l'importance de crises épileptiques majeures liées à la présence de malformations vasculaires. Dans ces cas, des remaniements post-anoxiques ne peuvent sans doute être exclus, ni une certaine bilatéralité des anomalies des vaisseaux. Les limites de la suppléance hémisphérique droite pourraient donc ne traduire qu'un discret handicap fonctionnel propre à cet hémisphère et le paradigme des hémisphérectomies précoces n'est peut-être pas une situation pathologique idéale pour interroger les compétences langagières d'un hémisphère droit isolé.

2. Latéralisation et acquisition du langage après la période critique

Pour ce qui se rapporte à la période post-pubertaire, la théorie de Lenneberg annonce deux conséquences: sur le plan neurobiologique, au-delà de la puberté, on ne devrait plus, en cas de lésions hémisphériques gauches, assister à un transfert des fonctions langagières à l'hémisphère droit; sur le plan comportemental, en cas de non-acquisition du langage à cette date, aucune acquisition ultérieure ne devrait être possible.

Sur le plan neurobiologique, le problème est délicat à trancher. Certes, après une atteinte hémisphérique gauche, on assiste chez l'adulte aussi à une récupération partielle des troubles aphasiques initiaux. Si, dans la période postlésionnelle immédiate, cette récupération peut être attribuée à une disparition des phénomènes pathologiques diffus et transitoires (diaschisis, diminution de l'œdème cérébral, etc.), la récupération spontanée, qui s'étale sur une durée allant de 3 à 6 mois selon les auteurs, pourrait en partie s'expliquer par l'existence d'un transfert hémisphérique droit (au moins partiel). Dans le cas de lésions hémisphériques gauches étendues, cela ne semble guère être le cas et les aphasies globales qui en résultent sont souvent extrêmement persistantes. On a cependant décrit certains cas de sujets adultes ayant présenté dans un premier temps une atteinte hémisphérique gauche qui a provoqué une aphasie et qui, après avoir partiellement récupéré, ont subi une deuxième atteinte hémisphérique droite suivie d'une aggravation des troubles du langage. C'est le cas d'un patient examiné par Nielsen (1946) et d'un cas plus récent détaillé par Levine et Mohr (1978). Dans les deux cas, il s'agissait d'atteinte gauche antéro-centrale ayant provoqué dans un premier temps une aphasie de Broca avec réinstallation progressive d'une parole réduite; dans un second temps, une atteinte hémisphérique droite provoque un mutisme et une aggravation de leur aphasie. Ces données semblent indiquer que l'hémisphère droit (dans sa partie antérieure au moins) a progressivement joué un rôle de suppléance fonctionnelle.

Certaines données issues de l'observation de sujets ayant subi une section callosale vont dans le même sens. Gazzaniga et ses collaborateurs (Gazzaniga et al., 1969; Sidtis et al., 1981) signalent en effet l'existence, chez deux patients comissurotomisés (P.S. et V.P.), d'une augmentation progressive des compétences hémisphériques droites pour le langage. La patiente V.P. par exemple, incapable de dénommer aucun objet placé dans sa main gauche 4 mois après l'opération, obtient 8 mois plus tard un score de dénomination de 32 %. Ces progrès, en période post-opératoire, sont difficiles à expliquer car plusieurs facteurs pourraient jouer un rôle déterminant, parmi lesquels : la présence possible d'une représentation plus bilatérale du langage chez des sujets ayant subi une pathologie hémisphérique gauche précoce et, pour un cas (V.P.), le fait qu'il se soit agi d'une opération callosale en deux temps, ce qui a pu favoriser un transfert interhémisphérique partiel de compétence.

Il reste les cas d'hémisphérectomies gauches pratiquées chez des sujets à l'âge adulte et où, selon Smith (Smith, 1966; Burklund et Smith, 1977), dans les rares cas où la survie du patient permet un examen de l'évolution, on assiste à des phénomènes de récupération non négligeables : capacité de prononcer des phrases adaptées au contexte et amélioration de la compréhension.

Au total donc, il existe quelques données indiquant qu'à l'âge adulte l'hémisphère droit peut jouer un rôle dans la récupération du langage après une atteinte hémisphérique gauche. Mais il ne faut, à notre avis, pas trop exagérer l'importance de cette fonction supplétive. A l'âge adulte, ces capacités supplétives hémisphériques droites paraissent nettement inférieures à celles se manifestant en cas de lésions précoces. De plus, dans la plupart des cas où un rôle hémisphérique droit, plus important qu'attendu, est mis en évidence, on peut suspecter l'existence de désordres hémisphériques gauches précoces. Sur ce point donc, la théorie de Lenneberg nous paraît, pour l'essentiel, acceptable, à savoir qu'avec l'âge, les capacités supplétives de l'hémisphère droit se réduisent considérablement.

Mais la notion de période critique mérite aussi d'être réexaminée sur le plan du comportement. N'y a-t-il vraiment plus moyen d'acquérir un langage après la puberté ?

Cette question est controversée parmi les psychologues. Certes la plupart des cas décrits « d'enfants-loups » ou d'enfants ayant vécu isolés n'acquiert guère de compétences linguistiques, mais il est difficile d'interpréter leurs difficultés d'acquisition comme étant spécifiques au domaine langagier. Ces enfants présentent, en effet, des troubles comportementaux divers et un retard cognitif beaucoup plus large. Récemment Fromkin et al. (1974) ont décrit le cas d'une enfant élevée en réclusion quasi totale de l'âge de 20 mois à 13 ans. Malgré son âge, cette enfant est parvenue à acquérir un langage fonctionnel assez diversifié. Cette observation semble donc aller à l'encontre de la notion de période critique. On observe cependant que le langage paraît, d'après différents tests d'écoute dichotique, s'être latéralisé entièrement à l'hémisphère droit, ce qui constituerait sur le plan neurologique un argument en faveur de l'absence de latéralisation normale du langage, passé la période critique. Les caractéristiques de ce langage tardif, évidemment déviant, ne sont pas sans rappeler celles du langage des hémisphérectomies gauches. En effet, si les acquisitions phonologiques ont été rapides et diversifiées et le développement lexical largement étendu, le développement syntaxique est resté retardé, l'expression orale demeurant « télégraphique ». Sur le versant réceptif, l'efficience de l'enfant paraît nettement supérieure, mais les difficultés syntaxiques demeurent, en particulier pour les structures passives réversibles.

Ce que nous indique sans doute le plus clairement ce cas, c'est la difficulté, au plan comportemental, de parler de période critique au singulier, au moins en ce qui concerne le langage. Pour être opérationnelle, la notion de période critique devrait spécifier beaucoup plus précisément de quels processus d'acquisition il s'agit. Et s'agissant du langage, il est sans doute utile de distinguer les aspects phonologiques, lexicaux, syntaxiques et sémantiques. Il n'est, de plus, pas évident que les opérations intervenant en compréhension et en production soient parfaitement comparables. On a, par exemple, dans l'apprentissage d'une seconde langue, montré qu'en ce qui concerne certains aspects productifs (comme la perte d'un accent étranger ou régional, ou la modification de paramètres de la fluence verbale) on obtient des données qui confirment l'hypothèse de la période critique (Asher et Garcia, 1969; Labov, 1970; Seliger et al., 1975). Au contraire, certaines mesures effectuées en compréhension conduisent à des résultats inverses (Bailey et al., 1974; Curtiss, 1977; Dulay et Burt, 1973; McLaughlin, 1977). Dans le domaine de l'arriération mentale profonde, on s'est également posé la question de l'utilité de thérapies langagières après l'âge de la puberté. Selon Rondal et al. (1982) qui analysent les rares données à disposition: « il est vraisemblable qu'une certaine croissance linguistique intervienne chez les sujets handicapés mentaux entre l'enfance et l'âge adulte ». Une étude de Swann et Mittler (1974), analysant les capacités verbales expressives et réceptives de sujets retardés mentaux, va jusqu'à proposer deux périodes de développement linguistique rapide chez ces sujets, l'une entre 3 et 6 ans, l'autre plus tardive située entre 15 et 19 ans! D'autres données transversales confirment également une différence entre les capacités linguistiques d'arriérés mentaux jeunes et adultes (Evans, 1977; Lambert et Sohier, 1979). Il est cependant bien difficile de considérer que de telles données mettent en cause la notion de période critique (sauf peut-être telle qu'avancée par Lenneberg) car, d'une part, il s'agit d'études transversales et non longitudinales, et, d'autre part, les données relatives à l'arriération mentale ne peuvent sans plus être transposées au développement normal. Enfin, et sans doute surtout, les améliorations observées restent, sur le plan des processus mis en jeu, bien difficiles à interpréter. Le maintien d'un développement langagier ralenti après la puberté pourrait n'être que l'exploitation de procédures mises en place auparavant. Et il faut sans doute, dans le maintien d'un développement langagier post-pubertaire, dissocier ce qui relève de l'accroissement des performances (i.e. l'accroissement lexical) de ce qui résulterait de l'apparition de nouveaux processus de production ou de compréhension.

3. La dominance cérébrale chez l'enfant normal

Depuis l'introduction de méthodes d'examens neurophysiologiques et neuropsychologiques visant à déterminer la dominance hémisphérique du langage, la théorie de Lenneberg a pu être testée chez l'enfant normal. De très nombreux auteurs ont en effet examiné, chez l'enfant normal et même chez le nourrisson, tous les indices comportementaux, neurophysiologiques ou neuro-anatomiques, susceptibles de nous éclairer sur l'existence (ou la non-existence) de différences dans le fonctionnement des deux hémisphères cérébraux. Il ne peut être question, dans un ouvrage aussi bref, de faire une recension exhaustive de tous les travaux réalisés à ce jour. Nous nous bornons, dans les pages qui suivent, à présenter les différentes techniques utilisées, à indiquer l'essentiel des résultats auxquels elles semblent conduire, à apprécier enfin leur impact sur la théorie de Lenneberg.

a) L'écoute dichotique

De toutes les techniques consacrées aux différences latérales, l'écoute dichotique est sans contexte la plus utilisée et celle qui a été à l'origine de l'étude des différences bilatérales chez le sujet normal. Créée initialement par Broadbent (Broadbent et Gregory, 1969) dans un but différent (étude de l'attention sélective et de la mémoire à court terme), l'écoute dichotique consiste dans la présentation simultanée au moyen d'écouteurs d'un matériel sonore différent à chaque oreille (par exemple, deux séries de chiffres). La tâche du sujet consiste à restituer le mieux possible ce qu'il a perçu, et ce dans n'importe quel ordre. On parle de supériorité d'une oreille si le matériel présenté à cette oreille est mieux rapporté que celui présenté à l'autre. A ce test, Kimura (1961) mettra en évidence une supériorité de rappel pour le matériel présenté à l'oreille droite, au moins s'il s'agit de stimuli verbaux. Pour expliquer ce phénomène, Kimura fait appel à une interprétation structurale se basant sur la configuration anatomique des voies de l'audition. Chaque oreille est, comme on le sait, reliée aux cortex auditifs droits et gauches par une voie ipsilatérale et par une voie contralatérale. Mais les signaux transmis par la voie ipsilatérale seraient largement inhibés en situation de compétition par ceux empruntant la voie contralatérale, fonctionnellement beaucoup plus importante. Les influx nerveux présentés à l'oreille droite atteignent le cortex auditif de l'hémisphère gauche par la voie contralatérale (schéma 1-1). Au contraire, les influx présentés à l'oreille gauche atteignent l'hémisphère droit et n'arrivent au gauche qu'après un relais callosal (schéma 1-1´ + 2´).

Les influx présentés à cette oreille doivent donc parcourir un trajet plus long (le trajet callosal). Ceci entraînerait un décalage temporel, les signaux en provenance de l'oreille gauche arrivant plus tard, et peut-être aussi une certaine «déperdition» de qualité du signal par le franchissement d'une synapse supplémentaire; les messages pourraient donc être moins clairs.

Bien que d'une incontestable validité en cas de lésions hémisphériques (phénomène d'extinction), la fiabilité du test d'écoute dichotique en tant que «prédicteur» de la latéralisation hémisphérique du langage a été contestée. On a, par exemple, montré que la manipulation expérimentale de divers paramètres des stimuli peut influer de

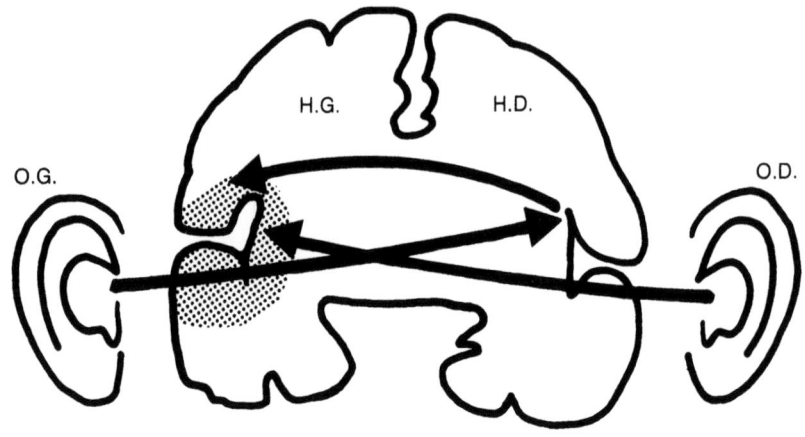

Schéma 1

façon non négligeable sur les effets observés. Il peut s'agir de variations apportées aux caractéristiques acoustiques du matériel verbal, à sa durée de présentation ou à son rythme. De même, la complexité «linguistique» de la tâche et les attentes du sujet entraînent la mise en jeu de mécanismes cognitifs plus ou moins élaborés, retentissant sur les traitements en cours et pouvant aller jusqu'à inverser le sens des différences latérales. La fidélité et la nature même des mesures paraît faire l'objet de critiques; dans certaines conditions les effets observés ne s'éloignent en fait pas significativement du hasard, dans d'autres la fiabilité inter-tests des mesures est prise en défaut (voir pour une revue Morais, 1981; Colburn, 1982). C'est donc avec ces réserves à l'esprit qu'il faut aborder les deux questions que l'on a tenté de résoudre chez l'enfant au moyen de cette méthode. La première concerne l'existence d'une équipotentialité cérébrale; la seconde l'apparition progressive de la latéralisation, c'est-à-dire une augmentation en fonction de l'âge de l'effet de supériorité de l'oreille droite.

L'équipotentialité

L'âge le plus précoce auquel des enfants ont pu être testés par la méthode classique de l'écoute dichotique est de 2 ou 3 ans, notamment en utilisant un paradigme de désignation d'objets[3].

Dès cet âge, un effet positif de latéralité pour l'oreille droite a été mis en évidence dans plusieurs études (Kimura, 1961; Knox et Kimura, 1970; Berlin, 1977; Nagafushi, 1970). Mais le recours à des paradigmes expérimentaux plus sophistiqués a permis d'appliquer la méthode de l'écoute dichotique à des nourrissons (Entus, 1977 : nourrissons de 1 mois 1/2 à 3 mois; Glanville et al., 1977 : nourrissons de 3 mois). Les indices comportementaux utilisés sont alors la modification de la réponse d'habituation mesurée par une modification, soit du rythme cardiaque, soit du taux de succion non nutritive. Il s'agit en fait d'attendre que l'enfant s'habitue à des signaux sonores répétitifs et de modifier ensuite la nature du signal sonore présenté à l'une ou l'autre des deux oreilles. La rupture de l'habituation se traduit par une brusque accélération du rythme cardiaque ou par une augmentation du taux de succion. Dès cet âge précoce, une modification linguistiquement pertinente des stimuli verbaux (il s'agit de syllabes) déclenche une réaction d'attention plus nette pour les modifications présentées à l'oreille droite, le phénomène inverse, c'est-à-dire une supériorité de l'oreille gauche, se produisant, et de manière plus nette encore, pour des stimuli musicaux.

Au lieu de devoir reproduire au mieux les stimuli présentés à chaque oreille, les enfants sont invités à désigner à choix multiple ceux des objets dont il ont entendu le nom.

Ces quelques données paraissent donc aller à l'encontre des thèses de Lenneberg, puisque, dès l'âge de 1 mois 1/2, la méthode de l'écoute dichotique semble déjà indiquer l'existence de différences latérales dans le traitement perceptif des sons du langage. Certains y voient un élément en faveur d'une latéralisation, extrêmement précoce à l'hémisphère gauche, de processus en relation avec les activités langagières.

L'amplitude du degré de latéralisation

Au départ des travaux analysant les performances d'enfants d'âges différents se trouvait le désir de suivre dans le temps l'installation progressive de la latéralisation du langage à l'hémisphère gauche. Si la théorie de Lenneberg était vraie, on s'attendrait à ne trouver aucune différence entre 0 et 2 ans, à voir ensuite émerger une différence autour de 2 ans, pour la voir atteindre des valeurs stables aux alentours de la puberté. Cette supposition s'est cependant rapidement vue modifiée, non qu'aucune recherche n'ait donné des résultats interprétables dans cette direction, mais parce que des données en sens opposé sont aussi apparues. En fait, il est des recherches qui ont montré l'existence de différences chez les enfants les plus jeunes et un plafonnement des performances aux alentours de 9 ans; d'autres au contraire semblent indiquer une augmentation de l'amplitude avec l'âge des effets dits de latéralité pour n'atteindre des valeurs stables que vers 9-10 ans (Bakker, 1976; Satz, 1976). L'interprétation de ces contradictions apporte, en fait, du poids à ceux qui contestent la valeur prédictive de l'écoute dichotique. Il semble en effet que les effets observés ne soient pas indépendants de la difficulté de la tâche, si l'épreuve à laquelle sont soumis les sujets est fort simple; par exemple, si la charge en mémoire à court terme n'est pas très élevée et que la mesure porte sur la qualité du rappel, on voit avec l'âge apparaître un effet plafond (l'ensemble des scores pour les deux oreilles avoisine le maximum) et l'absence de différences chez les enfants plus âgés ne peut plus être interprétée dans le cadre des différences latérales. Au contraire, si la tâche est trop difficile, certains groupes de sujets jeunes peuvent présenter des scores assez bas (proches du hasard) et un effet «plancher» peut à présent masquer l'existence de différences latérales. Une autre difficulté, d'ordre méthodologique à présent, a été notamment soulignée par Krashen et concerne le fait que, selon l'indice de latéralité qu'on se choisit, on peut, sur les mêmes données, conclure de manière contradictoire; cet auteur montre notamment que si l'indice choisi est l'index de différence (Rappel Oreille Droite Correct - Rappel Oreille Gauche Correct), on trouve que les enfants ne sont guère latéralisés entre 5 et 10 ans; par contre, si on utilise le pourcentage des erreurs (rapport des erreurs à l'oreille gauche sur le total des erreurs), la latéralisation pour le langage paraît constante après 5 ans.

Au total, les travaux ayant montré un changement ou une augmentation des différences latérales à l'écoute dichotique semblent d'interprétation difficile. En fait, même si l'on met en évidence une asymétrie perceptive chez un groupe d'enfants âgés et non chez un groupe de sujets plus jeunes, on ne peut automatiquement en déduire qu'il s'agit là d'une preuve de latéralisation progressive du fonctionnement cérébral. Il faut, en effet, comme plusieurs auteurs l'ont souligné (Colburn, 1981; Carter et Kinsbourne, 1979), éliminer la possibilité que les processus de traitement mis en jeu dans l'épreuve ne deviennent seulement disponibles à l'âge où les différences émergent. Cette remarque est d'autant plus critique si l'on se souvient que des stratégies attentionnelles et des facteurs mnésiques influencent les effets de latéralité (Bryden, 1978). L'apparition d'une asymétrie à un âge donné pourrait relever de tels facteurs et donc ne pas traduire un phénomène de latéralisation du langage.

b) *Tachistoscopie en champs latéralisés*

Ces études, en moins grand nombre chez l'enfant, s'adressent à la modalité visuelle afin de mesurer l'existence d'une éventuelle supériorité hémisphérique gauche dans le traitement de matériel linguistique. La technique consiste à présenter, alors que le sujet fixe un point central, des lettres ou des mots à un hémichamp pendant une durée d'exposition très brève, et en tout cas inférieure à 180 ms, afin de prévenir l'apparition de mouvements oculaires. Dans cette situation et en raison de la prédominance des voies visuelles croisées, la supériorité de l'hémichamp visuel droit indiquerait à nouveau une supériorité de l'hémisphère gauche pour le traitement d'un matériel linguistique. Une des raisons de la rareté de telles études est sans doute la difficulté, chez le jeune enfant, de garantir que la fixation d'un point central, au moment de la présentation des stimuli, est bien respectée. Malgré cette incertitude, bien peu d'études ont contrôlé cet aspect et si, dans certaines procédures, on demande d'abord au sujet de dire ce qu'il a vu au centre du champ visuel avant de rapporter ce qu'il a perçu en périphérie, on rappellera que cette précaution méthodologique n'est pas sans soulever d'épineux problèmes puisque Kershner et al. (1977) et Carter et Kinsbourne (1979) ont montré que le caractère verbal ou non verbal du stimulus central pouvait avoir un effet sur les asymétries observées en périphérie. D'autres variables peuvent interférer au niveau de la réponse, notamment une tendance, non inhabituelle chez les jeunes enfants, à produire des réponses lentes, ce qui peut masquer l'existence de différences latérales (Reynolds et Jeeves, 1978).

C'est avec ces réserves méthodologiques qu'il nous faut donc examiner les quelques faits à disposition. Les résultats qui émergent de l'ensemble des recherches sont différents en fonction du matériel utilisé.

En ce qui concerne les mots, la majorité des études semblent indiquer une supériorité du champ visuel droit (donc de l'hémisphère gauche), à la fois pour les jeunes enfants (Turner et Miller, 1975 : enfants de 6 ans; Buttler et Miller, 1979; Marcel et al., 1974; Olson, 1973; Marcel et Rajan, 1975 : 7 ans; Garren, 1980; Kelly et Tomlinson-Keasey, 1977 : 8 ans; etc.) et pour des enfants âgés de 11 ans et plus (Carmon et al., 1976; Pirozzollo et Rayner, 1979; etc.). En fait, seules deux recherches conduisent à des résultats différents : celle de Yeni-Komshian et al. (1975) et celle de Forgays (1953), mais pour la première au moins la procédure, un peu inhabituelle, de présentation verticale utilisée par les auteurs peut expliquer l'absence d'effets. Les faits semblent donc en faveur de l'existence d'une différence latérale chez les enfants les plus jeunes examinés, et rien ne permet de conclure à un accroissement de la différence avec l'âge.

En ce qui concerne les lettres, les données sont plus difficiles à interpréter. On peut, certes, conclure à l'existence d'une discrète supériorité pour le champ visuel droit, mais on trouve des données allant dans trois directions différentes : supériorité du champ visuel droit, supériorité du champ visuel gauche ou absence d'asymétries perceptives (voir pour une revue Beaumont, 1982). En fait, cela tient à la nature des stimuli utilisés : les lettres peuvent en effet être traitées, soit comme des unités graphémiques, ou simplement selon leur configuration physique. Il en résulte, entre autres, que le fait que la tâche demandée consiste à nommer la lettre ou à l'apparier à un stimulus identique peut être déterminant. (Les mêmes indécisions au niveau des résultats et de l'interprétation apparaissent en ce qui concerne les chiffres, matériel cependant moins utilisé que les lettres et les mots.)

Il semble donc possible de conclure de ces travaux qu'une asymétrie en faveur de l'hémichamp visuel droit est observée chez l'enfant, pour les mots au moins. Quant à la question de savoir si les études réalisées à ce jour permettent de se prononcer sur une augmentation progressive de cet effet avec l'âge, comme pour les travaux en écoute dichotique, il semble impossible de répondre à cette question. En effet, si on maintient à travers les âges investigués la tâche constante, soit on s'expose aux effets plancher et plafond indiqués plus haut, soit on n'est pas en mesure d'affirmer que la manière de traiter le matériel (i.e. les stratégies cognitives) n'a pas changé; si, au contraire, on adapte la tâche aux différents âges investigués, on n'est plus en mesure de mesurer l'accroissement des asymétries recherchées. En fait, comme le souligne justement Beaumont (1982), on n'est sans doute, aujourd'hui, en mesure que d'indiquer l'existence, à chaque âge, de différences latérales, mais certainement pas actuellement d'en extraire des inférences sur le développement de l'organisation cérébrale sur laquelle ces différences sont fondées.

c) *Les asymétries motrices*

Les asymétries motrices renvoient à deux phénomènes différents: l'«activation hémisphérique» et l'«interférence intrahémisphérique». Dans le premier cas, l'engagement d'un hémisphère cérébral dans une activité cognitive qui lui est spécifique peut déterminer l'apparition d'asymétries du tonus postural ou des mouvements actifs. Cette mise en jeu des fonctions principales d'un hémisphère ou «hémisphéricité» activerait en quelque sorte, bien qu'à un moindre degré, d'autres fonctions contrôlées par ce même hémisphère, notamment les fonctions motrices de l'hémicorps contralatéral.

Au contraire, dans le second cas, si la tâche principale est de nature motrice, comme par exemple dans le test du «frapper digital» où le sujet doit, par frappes digitales successives, maintenir un rythme déterminé, la mise en jeu simultanée d'une autre activité sous la dépendance du même hémisphère viendra interférer avec la réalisation de la tâche motrice. Dans un paradigme expérimental de ce type, une tâche de nature verbale altérera donc la régularité des mouvements de l'index droit, tandis qu'une tâche «visuo-spatiale» ou «musicale» provoquera une altération des performances de l'index gauche.

En ce qui concerne l'effet d'activation hémisphérique, il paraît démontré chez l'adulte, qu'en situation de parole, on assiste à l'apparition d'un nombre plus élevé de mouvements de la main droite (comparés à ceux produits par la main gauche), de même qu'une déviation initiale du regard vers la droite, lorsqu'un sujet doit répondre à une question impliquant des traitements de nature verbale ou «analytique»; l'effet inverse s'observant pour des tâches visuo-spatiales ou à contenu émotionnel. Chez l'enfant, des asymétries semblables ont pu être retrouvées (Kimura, 1973; Ingram, 1975; Kinsbourne, 1977). Dans le second type de tâches, cette fois de nature interférentielle, c'est essentiellement chez l'enfant que des asymétries intermanuelles ont été mises en évidence, ceci vraisemblablement en raison de sa relative immaturité motrice rendant une tâche semi-automatique chez l'adulte, telle que le maintien d'un rythme, plus difficile à réaliser chez l'enfant. Il a été observé (Kinsbourne, 1977) que diverses réalisations verbales (comptage, mémorisation de mots) altèrent les mouvements effectués par la main droite, tandis qu'au contraire une réduction de l'efficience de la main gauche s'observe lorsque des exercices de raisonnement visuo-spatial sont effectués en parallèle. Ces données confirment donc à nouveau le caractère précoce de la latéralisation des fonctions cognitives.

D'autres données, spécifiques à l'enfant, ont également été avancées en faveur de l'hypothèse d'une installation précoce de la spécialisation hémisphérique, mais leur interprétation est souvent contradictoire selon les auteurs. Ces données concernent cette fois les différences de réactivité motrice du nourrisson pour des stimuli sensoriels, qu'ils soient auditifs, tactiles ou visuels. L'on observe que la réaction d'orientation latérale de la tête s'effectue préférentiellement pour des stimuli appliqués à droite. Cependant, la constatation de l'annulation de cet effet par maintien préalable de la tête en position médiane pose le problème d'une liaison de ce phénomène, non pas avec une spécialisation hémisphérique, mais bien plutôt avec d'autres facteurs, entre autres musculaires, comme le réflexe tonique asymétrique du cou (Turkewitz, 1974). En effet, la position la plus fréquente du jeune nourrisson au repos est, en règle générale, asymétrique, la tête étant orientée vers la droite (Gesell et Ames, 1947). Ce réflexe d'orientation spontanée de la tête est indépendant du mode de présentation obstétrical ou du type d'allaitement (Turkewitz, 1977). Les facteurs en jeu dans cette forme d'asymétrie sont complexes et encore mal compris. Certains auteurs l'ont interprétée comme un signe de la dominance précoce de l'hémisphère gauche au début de la vie. D'autres considèrent au contraire que la position spontanée de l'enfant, de rotation de la tête vers la droite, induirait plutôt une meilleure exposition à l'environnement de l'oreille gauche, et de l'hémichamp gauche, et donc favoriserait davantage la mise en jeu précoce de fonctionnements hémisphériques droits, en particulier spatiaux. Les phénomènes de pointage et de préhension sont également sujets à controverse. Ces conduites passent par une série de phases au cours du développement, avec modifications de qualité et de contrôle.

Tandis que la préhension palmaire, dès l'âge d'un mois, paraît favoriser la main droite (Caplan et Kinsbourne, 1976), les mouvements de pointage et d'atteinte favoriseraient par contre le côté gauche jusqu'à l'âge de 7 mois environ (Seth, 1973). Ces formes d'asymétrie traduiraient donc davantage l'instauration progressive des étapes de la latéralisation manuelle dont la liaison avec l'organisation hémisphérique est certaine mais probablement multifactorielle.

d) Mesures électrophysiologiques

Deux groupes principaux de méthodes dérivées de l'EEG permettent à présent d'étudier les spécificités interhémisphériques. Il s'agit, d'une part, de l'analyse spectrale de l'EEG et, d'autre part, de la technique des potentiels évoqués.

L'analyse spectrale de l'EEG — ou analyse par «bandes de fréquence» — étudie les modifications apportées par différentes stimulations à la répartition de l'activité alpha caractéristique de l'état de repos. Chez l'adulte, on observe une diminution de l'activité alpha au niveau de l'hémisphère gauche pour des tâches analytiques ou verbales et, pour des tâches visuo-spatiales ou musicales, une diminution de cette activité, cette fois localisée à l'hémisphère droit.

Les études principales menées chez l'enfant ont été réalisées par Gardiner et Walter (1974, 1976). Les mesures sont pratiquées durant la période de suspension des activités qui, chez le jeune nourrisson, fait suite à la présentation d'un stimulus neuf et correspondrait à la réaction d'«orientation». L'âge le plus jeune, auquel des enfants ont été testés par cette méthode, a été de 6 mois en moyenne, des effets analogues à ceux montrés chez l'adulte étant détectables et particulièrement nets lorsque les mesures s'effectuaient en regard des aires de Wernicke.

Le deuxième groupe de méthodes concerne l'étude des potentiels évoqués. Dans cette technique, on enregistre en une zone déterminée la somme des réponses électriques déclenchées pour différentes stimulations auxquelles ces réponses sont liées dans le temps. C'est essentiellement Molfese (1975), qui montrera la présence d'asymétries précoces analogues à celles observées chez l'adulte. L'âge moyen du groupe le plus jeune des enfants testés est de 6 mois, mais il semble bien, d'après cet auteur, qu'une asymétrie similaire puisse être détectée déjà chez le nouveau-né âgé de quelques heures.

En comparant les réponses évoquées pour des stimulations auditives chez un groupe d'adultes, d'enfants et de nourrissons, Molfese constate que la plupart des asymétries observées chez l'adulte et l'enfant sont déjà décelables dans le groupe de 6 mois. Lorsque les stimuli sont constitués par des syllabes et des mots, l'amplitude des potentiels évoqués est plus élevée au niveau de l'hémisphère gauche, tandis que pour des accords musicaux ou des bruits blancs, l'amplitude de la réponse est plus importante à droite. Par ailleurs, la plupart des caractéristiques acoustico-phonémiques, responsables chez l'adulte de la perception catégorielle des phonèmes, semblent perçues comme pertinentes par le cerveau du jeune nourrisson. Toutefois, de très petites différences avec l'adulte peuvent être parfois détectées: l'amplitude de la réponse paraît plus grande chez le nourrisson; en outre la variation du trait de voisement des consonnes déterminerait moins d'asymétrie chez le nourrisson, et, chez ceux-ci, le nombre de formants paraîtrait plus crucial que la présence de transitions dans la latéralisation de la réponse. On se doit, bien sûr, de rapprocher ces données de Molfese des études comportementales inaugurées par Eimas (1971) et qui montrent bien le caractère précoce d'une perception catégorielle des phonèmes analogue à celle de l'adulte (variations selon le VOT ou le point d'articulation).

Les données électrophysiologiques et comportementales, montrant chez l'enfant une réactivité latéralisée et analogue à celle rencontrée chez l'adulte et ce, avant toute exposition prolongée à un environnement linguistique quelconque, ont constitué des arguments majeurs en faveur de la théorie dite de l'invariance, développée par Kinsbourne (1977). Selon cette théorie, la latéralisation est présente d'emblée, dès la naissance, excluant donc l'hypothèse de l'installation progressive de la dominance hémisphérique et d'une équipotentialité initiale.

Toutefois, un argument de découverte récente oblige à nuancer certaines affirmations. Il s'agit de la découverte d'une perception catégorielle des phonèmes chez certains primates non humains et même chez quelques mammifères inférieurs comme le chinchilla. L'existence d'asymétries morphologiques entre les hémisphères a également été démontrée chez ces mêmes espèces; en conséquence, si une prédisposition fonctionnelle est indiscutable chez l'homme, il s'en faut de beaucoup que l'on puisse, sans plus, rattacher les asymétries observées au contrôle ultérieur de l'activité langagière.

Par ailleurs, comme nous l'avons vu, de petites différences développementales, en moindre importance toutefois que les similitudes avec le stade adulte, sont occasionnellement rapportées et paraissent en faveur d'une modification avec l'âge de certains aspects de la latéralisation hémisphérique.

e) Données anatomiques

Déterminisme anatomique précoce de la latéralisation du langage

Contrairement aux prédictions découlant de la théorie de l'équipotentialité hémisphérique, la configuration des deux hémisphères et en particulier des aires cérébrales sous-tendant le langage, est apparue, chez l'enfant, aussi asymétrique que chez l'adulte, et ce dès l'âge le plus précoce où elle a pu être mesurée.

Rappelons que la différence morphologique principale entre les deux hémisphères mise en évidence chez l'homme concerne la zone cérébrale appelée «planum temporale» qui, située entre la partie postérieure de la scissure de Sylvius et le sillon de Heschl, et donc adjacente à la projection des voies de l'audition, représente en fait la partie supérieure de l'aire de Wernicke. Cette différence, démontrée en 1968 par Geschwind et Levitsky sur 100 cerveaux d'adultes, est en faveur du côté gauche dans 65 % des cas où le bord externe du planum temporale est plus développé du tiers de sa longueur, tandis que l'asymétrie inverse, ou bord externe plus long à droite, ne se retrouve que dans 11 % des cas. En outre, l'importance fonctionnelle de cette différence anatomique a été soulignée par la découverte d'une répartition analogue du cortex particulier constitutif de cette zone d'association auditive (parakoniocortex de l'aire Tpt) (Galaburda et al., 1978). D'autres asymétries ont également été mises en évidence — en particulier une asymétrie des diamètres occipitaux et frontaux détectables à l'examen radiologique par CTScan (Le May et al., 1978).

Or, chez l'enfant, une série d'études démontrent à présent de façon indubitable, et quel que soit l'âge auquel on s'adresse, l'existence d'une asymétrie anatomique en faveur du côté gauche (Teszner et Tzavaras, 1972: fœtus ou prématurés; Witelson et Pallie, 1973: 14 enfants de 1 jour à 3 mois; Wada et al., 1975: 85 enfants de 29 semaines à 18 mois; Chi et al., 1977: 207 fœtus de 10 à 44 semaines d'âge gestationnel; Denel et Moran, 1980: études radiologiques à partir de l'âge de 7 ans). Il y a donc, en particulier durant la période dite d'équipotentialité (avant l'âge de 2 ans), un prédéterminisme structural à la latéralisation hémisphérique. Ces asymétries morphologiques sont détectables également, avant toute exposition à l'environnement, chez le fœtus, et ce dès que les scissures délimitant les zones temporales postérieures s'ébauchent, c'est-à-dire vers la 29e semaine de gestation.

Modification développementale de l'asymétrie

Certains auteurs vont constater néanmoins de légères différences de proportion dans le degré de l'asymétrie entre les cerveaux d'adultes et d'enfants. Wada et al. (1975) montrent que lorsque l'on applique des mesures planimétriques à la détermination des surfaces du planum temporale, le degré d'asymétrie paraît plus net chez l'adulte. En outre, le nombre de cas à asymétrie inverse, c'est-à-dire à planum droit supérieur ou égal au gauche, est plus élevé chez l'enfant (44 cas sur 85 en opposition à 18 sur 100 chez l'adulte). La comparaison des valeurs relatives entre les cerveaux de fœtus et d'enfants de moins de 2 ans et celles de sujets adultes semblerait donc indiquer qu'une évolution a dû se produire au cours du développement et que le taux de croissance du planum gauche après l'âge de 18 mois a été plus important. Cette donnée ne permet donc pas de réfuter l'hypothèse d'une spécialisation hémisphérique progressive et d'une latéralisation à renforcement graduel, et fournit donc un discret soutien aux hypothèses de Lenneberg-Basser; de même que la démonstration d'une asymétrie inverse, ou planum droit plus large, plus fréquente chez l'enfant, pourrait partiellement confirmer le troisième modèle d'organisation cérébrale envisagé par Basser, celui d'une latéralisation droite initiale du langage chez un certain nombre d'enfants.

Maturation différentielle

● Maturation loco-régionale

Les études psycholinguistiques tendent à montrer que le développement du langage peut suivre, dans ses différents aspects, des décours temporels dissociés. Les études sur la maturation relative des différentes aires cérébrales montrent, de la même façon, que les cycles maturatifs peuvent affecter des développements souvent asynchrones (Dodge, 1975; Yakovlev et Roch-Lecours, 1967). Rappelons que Lenneberg avait déjà souligné l'existence de certaines disparités d'évolution pour certains constituants biochimiques du cerveau.

Il est donc vraisemblable qu'à l'idée d'une période critique unique, il faille substituer celle de plusieurs périodes critiques liées au développement rapide des zones cérébrales individuelles intervenant dans les fonctions du langage. Pour Porter et Berlin (1975), les différents aspects du langage se «latéraliseraient» progressivement et selon des rythmes différents, en fonction de leur complexité, les aspects liés aux traitements phonologiques ayant une latéralisation précoce, tandis que les aspects plus cognitivo-mnésiques auraient une latéralisation plus tardive. Cette latéralisation s'effectuerait en rapport avec l'établissement des cycles maturatifs des zones cérébrales sous-tendant ces fonctions.

- Maturation différentielle des hémisphères et gradient de spécialisation

L'une des questions les plus importantes concernant le développement de la spécialisation hémisphérique est vraisemblablement celle de la relation entre le développement des fonctions du langage dans l'hémisphère gauche et celui des activités dépendant de l'hémisphère droit. Lenneberg avait répondu par la négative à la question de savoir si les «autres capacités humaines» subissaient une évolution parallèle à celle du langage. Il supposait qu'au début de la vie, les fonctions propres de l'hémisphère droit étaient moins développées, l'atténuation avec l'âge de la capacité de l'hémisphère droit de prendre en charge le langage étant liée, en partie, à la différentiation progressive des fonctions propres à cet hémisphère.

Actuellement, un certain nombre d'arguments plaident davantage en faveur d'une différenciation plus précoce des fonctions de l'hémisphère droit. En effet, au début de la vie, durant la période «sensori-motrice», l'importance fonctionnelle des capacités visuo-spatiales paraît favoriser davantage la mise en jeu fonctionnelle de l'hémisphère droit (pour revue, voir Brown et Jaffé, 1976). Certaines données neurophysiologiques paraissent corroborer ces données comportementales. Crowell, en effet, a montré que le phénomène d'entraînement de l'EEG à la stimulation lumineuse intermittente s'observait de façon préférentielle chez le nouveau-né au niveau des aires occipitales droites. Dans l'étude de Entus (1977), l'asymétrie interhémisphérique chez des nourrissons de quelques mois est détectable, dans une plus grande proportion de cas, pour les stimuli musicaux que pour les syllabes, c'est-à-dire pour les réponses hémisphériques droites.

Au niveau anatomique également, Chi et al. (1977) montrent que le développement in utero des gyri hémisphériques droits précède d'une à deux semaines celui des zones homologues de l'hémisphère gauche, cette constatation se vérifiant aussi pour les aires cérébrales qui seront ultérieurement impliquées dans les fonctions du langage.

Dans cet ordre d'idée, un auteur comme Moscovitch (1976) met en relation la fréquence supposée de l'atteinte du langage par lésion droite, avec une intrication plus étroite du langage aux mécanismes cognitifs dépendant de l'hémisphère droit. L'équipotentialité est ici interprétée comme la mise en jeu des mécanismes cognitifs sous-tendant le langage.

D'autre part, des données comme la constatation par Wada des différences de la taille de l'écart entre les surfaces du planum temporale droit et gauche semblent indiquer l'existence d'une maturation post-natale plus rapide du côté gauche.

Certains, comme Moscovitch (1976) et Corballis (1976) vont supposer qu'un gradient différentiel de maturation s'établirait progressivement, avec l'installation des fonctions plus élaborées du langage, en faveur cette fois de l'hémisphère gauche. Pour Corballis, ce gradient différentiel s'établirait par l'intermédiaire d'une substance chimique, par un phénomène analogue à l'installation de l'asymétrie corporelle chez quelques espèces animales, comme par exemple celle de la différence de taille des pinces de certains crabes du groupe alphée. Selon Moscovitch (1976) et selon Gazzaniga (1979), l'établissement de ce gradient serait généré par la mise en jeu des connexions interhémisphériques par le corps calleux. C'est ainsi que, pour Gazzaniga, au début de la vie, alors que les fibres calleuses ne sont pas encore nettement myélinisées, le cerveau peut être considéré comme un «split-brain» fonctionnel, le rôle équipotentiel de l'hémisphère droit durant les deux premières années se réduisant alors à la mise en jeu de la commande motrice intervenant dans les lallations. Selon certains auteurs (Netley, 1977), une latéralisation effective du langage ne s'observerait pas chez les sujets atteints d'agénésie calleuse, c'est-à-dire d'absence congénitale de fibres du corps calleux reliant les deux hémisphères. La bilatéralité de la représentation hémisphérique du langage dans ces cas serait donc liée à l'absence de l'inhibition normale, par le corps calleux, des capacités langagières de l'hémisphère droit.

Sur le plan anatomique, Roch-Lecours (1981) a récemment analysé le développement post-natal du corps calleux. Alors que les deux premières années représentent pour nombre de zones corticales la période de maturation la plus intense, le développement du corps calleux se déroule, lui, davantage après l'âge de deux ans. En effet, tandis que le poids global du cerveau n'augmente plus que de 35 % entre l'âge de 2 ans et la maturité, le corps calleux mesuré en sa section sagittale, s'accroît de 115 %. La mise en jeu progressive de ces connexions calleuses pourrait correspondre à l'établissement de la dominance hémisphérique pour les multiples aspects du langage.

Lorsque l'on examine la myélogenèse du corps calleux par des méthodes histologiques, les modifications des affinités tinctoriales (méthode de Loyer), bien qu'elles ne constituent qu'une mesure très imparfaite des événements de la myélinisation, semblent indiquer deux âges-clés : celui de 2 ans, où l'affinité devient significative, et celui de 5 à 7 ou 10 ans, où les modifications ne sont plus détectables par la méthode. L'on ne peut que constater que ces deux âges renvoient à des âges similaires avancés par certains comme délimitant une période dite «critique» pour la latéralisation du langage.

L'ensemble de ces repères comportementaux, neuroanatomiques, neurophysiologiques ou neurochimiques reste cependant bien difficile à interpréter. En ce qui concerne les repères comportementaux, chacun d'entre eux, issu de techniques particulières, est aujourd'hui sujet à de nombreuses discussions. Deux directions critiques existent; l'une, d'ordre méthodologique, concerne les systèmes de mesure des indices recueillis pour établir l'existence d'un effet latéral et les méthodes de traitement statistiques utilisées; l'autre, d'ordre plus théorique, soulève des questions en relation avec l'interprétation des effets observés, et surtout la question centrale, de savoir s'il est possible d'utiliser ces indices comme éléments de discussion pour ou contre la théorie de l'équipotentialité, semble à d'aucuns ouverte.

En ce qui concerne les indices d'ordre biologique (neuroanatomique, neurophysiologique et neurochimique), les difficultés d'interprétation ne sont pas moindres. En fait, dans la plupart des cas, il s'agit de données statistiques permettant d'établir au mieux des corrélations entre des phénomènes biologiques et comportementaux, mais le plus souvent recueillies sur des populations différentes. Il s'en faut de beaucoup pour qu'on ait affaire à des données autorisant la conduite d'un raisonnement causal.

Chapitre VII
Eléments de conclusions

Au terme de cet ouvrage, nous n'avancerons pas de nouvelles hypothèses concernant le problème de la maturation cérébrale dans ses rapports avec l'acquisition du langage ou en référence au thème corollaire de l'ontogenèse de la spécialisation hémisphérique. Plus simplement, nous procéderons à l'examen critique de quelques-unes des questions auxquelles se trouve confrontée la neurolinguistique développementale. A nos yeux, l'apparition de progrès sensibles dans l'explicitation des conditions biologiques du développement linguistique ne sera possible qu'au prix de clarifications conceptuelles et d'améliorations méthodologiques dans le recueil des données. Dans cette conclusion, et par commodité didactique, nous traiterons séparément des questions relatives à l'aphasie de l'enfant et de celles, plus générales, en rapport avec les problèmes de développement.

1. L'aphasie de l'enfant

Tout au long de cet ouvrage, nous avons souligné les insuffisances méthodologiques actuelles au niveau du recueil des données. A tous égards, qu'ils concernent le code oral ou écrit, les activités de production ou d'expression, les troubles sont décrits de manière partielle et sont imparfaitement cadrés au moyen d'intitulés dérivés pour l'essentiel de la pathologie de l'adulte. Dans les années à venir, une des tâches prioritaires de la neurolinguistique développementale sera sans doute de recueillir des corpus pathologiques plus étendus et de recourir à la méthode expérimentale. Cet abord permettrait d'éviter les limites rencontrées par la pratique, chez l'enfant, des tests d'examen de l'aphasie tels qu'ils sont en usage chez l'adulte. On oublie en effet trop souvent que l'objectif principal de ces tests consiste à situer un sujet aphasique dans un système de classification pré-existant et non à comprendre en profondeur l'organisation des processus langagiers intacts et déficitaires.

Le parcours sémiologique effectué dans ce livre ne conduit ainsi qu'à des constats de portée relative, tantôt s'exprimant sur un mode quantitatif, tantôt limités au commentaire subjectif. Bien des faits se prêteraient cependant à une investigation qualitative plus poussée, et, contrairement à leur application dans les repères sémiologiques, les travaux expérimentaux réalisés en neurolinguistique de l'adulte et en psycholinguistique développementale pourraient ici servir de guide. Nous illustrerons cette remarque au moyen d'un seul exemple, mais on se souviendra que le commentaire peut être élargi à l'ensemble des données sémiologiques. Le constat le plus général dans l'aphasie de l'enfant concerne le contraste quantitatif entre les troubles de la compréhension et ceux de l'expression: la compréhension des messages linguistiques resterait relativement bonne, même lorsque la production orale est marquée de réduction et d'agrammatisme sévère[1]. Ce contraste n'est

---

[1] Ceci en tenant compte des nuances apportées à ce commentaire général dans notre chapitre II.

pas sans rappeler les affirmations classiques se rapportant à l'aphasie de Broca de l'adulte, ni sans évoquer les descriptions du développement normal du langage; à savoir: une nette supériorité de la compréhension sur la production. En ce qui concerne l'aphasie de Broca, il semble aujourd'hui probable qu'une telle disparité entre compréhension et production n'existe guère, les affirmations anciennes relatives à cette aphasie reposent probablement sur des analyses non exemptes d'artéfacts méthodologiques. En effet, lorsque l'on contrôle les variables situationnelles et les possibilités de recours aux repères sémantiques, la compréhension des Broca apparaît également déficitaire. Les troubles observés en production existent aussi en compréhension lorsque la situation d'examen rend obligatoire un décodage syntaxique des énoncés (Berndt et Caramazza, 1980). Par contre, en psychologie développementale, les divers travaux réalisés au moment où l'enfant ne dispose encore que d'énoncés holophrasiques semblent indiquer qu'il comprend des énoncés syntaxiquement plus complexes que ceux qu'il est capable d'émettre (Smith, 1970; Petretic et Tweney, 1977...).

Une disparité entre la compréhension et la production verbale existerait donc chez le jeune enfant, au moins en ce qui concerne le niveau syntaxique, alors que chez l'aphasique de Broca, il y aurait plutôt parallélisme entre les deux pôles. Si l'on excepte le cas unique décrit par Dennis (1980), aucune enquête, analogue à celle menée dans l'aphasie de Broca, n'a été entreprise chez l'enfant aphasique[2]. Or, l'examen détaillé des rapports entre production et compréhension paraît nécessaire, non seulement à l'élaboration d'une sémiologie plus fine, mais aussi à la clarifi-

---

[2] On soulignera par ailleurs que les analyses sur les aspects métalinguistiques du comportement verbal d'un enfant aphasique menées par Dennis sont difficilement comparables à d'autres données recueillies chez l'adulte et se rapportant à des aspects moins élaborés du pôle réceptif du langage.

cation de quelques problèmes interprétatifs en suspens. En effet, si la disparité observée chez l'enfant aphasique entre la production et la réception ne faisait que reproduire, mais de manière plus accentuée, celle présente au cours du développement normal, ceci renforcerait les interprétations régressives de ce trouble; si, au contraire, on retrouvait comme chez l'aphasique de Broca, un parallélisme entre les deux troubles, notamment au niveau syntaxique, l'aphasie de l'enfant apparaîtrait davantage comme une désorganisation spécifique et acquise. Enfin, la clarification chez l'enfant des rapports entre les pôles expressif et réceptif de l'activité verbale devrait influencer les conceptions que l'on se fait du rôle joué par l'hémisphère droit, notamment en compréhension.

Un autre aspect sémiologique capital, et largement inexploré, est l'étude longitudinale des troubles du langage et de leur retentissement à court et à long terme sur les acquisitions gestuelles, perceptives et intellectuelles des enfants. Certes, on a vu récemment apparaître des travaux sur le devenir du langage d'enfants aphasiques dix ans, voire vingt ans après leur atteinte cérébrale, mais il s'agit soit d'études menées sur de grands groupes (Woods et Teuber, 1978; Woods et Carey, 1979), soit d'analyses à orientation neurobiologique et focalisées sur le problème du rôle suppletif de l'hémisphère droit et de ses conditions d'actualisation (Milner, 1974). Dans l'un et l'autre cas, il s'agit de données transversales pointillistes et non d'analyses longitudinales qui décriraient à intervalles réguliers et suffisamment rapprochés l'évolution des conduites verbales et de divers indices neurophysiologiques. En dehors de rares cas où des écoutes dichotiques successives ont été réalisées, l'absence d'analyses évolutives sur la mise en place de la suppléance fonctionnelle de l'hémisphère droit entrave la représentation du décours temporel qui présiderait à son installation. S'agit-il, comme certains auteurs le proposent, d'une suppléance s'installant rapidement et prolongeant en quelque sorte une participation langagière de cet hémisphère pré-existante à la lésion, ou est-ce une véritable acquisition de compétence liée à la plasticité de cet hémisphère et à une éventuelle levée de l'inhibition de l'hémisphère gauche? Aujourd'hui, aucune réponse satisfaisante ne peut être apportée à cette question.

Sur le plan comportemental, l'absence de données longitudinales ne permet aucune description précise du rythme de la récupération du langage dans ses différentes composantes, ni de la poursuite du développement langagier ultérieur. Certes, les diverses études transversales réalisées à ce jour semblent indiquer (contrairement à l'intuition clinique et certaines interprétations de la théorie de Lenneberg) que cette récupération serait — sauf peut-être chez le tout jeune enfant — relativement lente. Mais cette question doit être analysée plus en détail. Il n'est en effet pas impossible d'imaginer qu'à l'impression des cliniciens ne corresponde une première phase de récupération rapide mais partielle, et que la récupération plus lente soit le reflet de difficultés tardives constituées d'un mélange de séquelles discrètes liées à la lésion et de leur retentissement sur les nouvelles acquisitions à entreprendre. Enfin, l'analyse longitudinale de l'ensemble du comportement des enfants aphasiques devrait aussi nous renseigner sur les conséquences éventuelles de l'atteinte cérébrale dans d'autres sphères du comportement. L'hypothèse avancée, en cas d'intervention hémisphérique droite dans la récupération du langage, d'une sorte de compromis obligé entre les fonctions propres à cet hémisphère et le rôle supplétif qu'il est, suite à la lésion, amené à jouer devrait être examinée non seulement au terme de la récupération, mais tout au long de son installation. Ceci au moins si l'on espère un jour proposer un soutien rééducatif à ces enfants.

Enfin, sur le plan neuropathologique, on a vu que l'on

savait bien peu de choses du rôle de variables telles que l'étiologie, la localisation lésionnelle, l'extension et le caractère uni- ou bilatéral des lésions. Bien des données sont encore ici à recueillir et à mettre en relation avec, d'une part, les tableaux sémiologiques, et, d'autre part, les évaluations pronostiques. Ceci paraît nécessaire à l'élaboration d'une sémiologie plus précise et ramenée à ses soubassements biologiques, à l'examen d'une éventuelle dichotomie lésions antérieures/lésions postérieures et à l'établissement de diagnostics différentiels entre l'aphasie acquise de l'enfant et les autres troubles d'acquisition du langage.

2. Maturation cérébrale et développement du langage

Si l'aphasie de l'enfant est au cœur des réflexions sur les fondements biologiques du langage, c'est bien sûr en tant qu'indicateur pathologique. L'aphasie se présente comme une quasi-expérience réalisée par la nature et susceptible de nous indiquer quelles zones cérébrales et quels fonctionnements neurophysiologiques sont indispensables à l'apparition et au maintien de conduites langagières normales. En arrière-fond, on trouve donc une problématique rarement dégagée d'a priori passionnels: la part de l'inné et celle de l'acquis dans le développement des conduites verbales. Cette problématique est difficile parce que la manière dont on définit les termes de l'alternative et dont on conçoit leurs interrelations conditionne le recueil des faits et les interprétations qu'on se croit en mesure d'en donner.

Dans un premier temps, il faut sans doute lever un certain nombre de contre-vérités qui émaillent de-ci de-là la littérature spécialisée. Une première confusion, et non des moindres, consiste à présenter l'hypothèse d'une latéralisation progressive du fonctionnement des hémisphères cérébraux comme un argument en défaveur des thèses innéistes et au contraire, l'hypothèse inverse, c'est-à-dire l'existence de différences neuroanatomiques et fonctionnelles immédiates, comme un argument en faveur du point de vue innéiste. En fait, ce n'est que pour les versions tranchées de l'innéisme ou de l'environnementalisme que le problème de la latéralisation des hémisphères paraît avoir une quelconque pertinence. Certaines vérités élémentaires sont ici à rappeler. Par exemple, on soulignera que l'affirmation d'un déterminisme génétique de l'apparition de traits biologiques ou comportementaux n'implique pas obligatoirement *la présence* de ces traits ou comportements *dès la naissance*. La démarche du biologiste qui se proposerait de démontrer que la pilosité du bas du visage, présente chez les représentants du sexe masculin, est génétiquement déterminée, en scrutant dès après la naissance les joues ou le menton des nouveau-nés, nous apparaîtrait ridicule ! Or, nous ne procédons guère autrement lors des analyses morphologiques des structures cérébrales du nouveau-né. Si l'existence dès la naissance d'un trait particulier est bien sûr à prendre en considération, l'absence d'un trait, en revanche, ne permet aucune conclusion, le programme génétique pouvant s'exprimer à des moments différés dans le temps. Ramenées au problème qui nous occupe, ces remarques obligent à rappeler que l'absence de différences fonctionnelles ou neuroanatomiques précoces ne peut en aucun cas être utilisée comme un argument propre à réfuter l'intervention de déterminants génétiques dans l'acquisition du langage. De même et a contrario, la mise en évidence de différences latérales précoces ne fournit pas nécessairement un fondement biologique aux thèses innéistes. En ce qui concerne les différences latérales au niveau neuroanatomique, Marshall (1980) souligne que tirer argument de différences relatives à la taille des structures cérébrales implique l'adhésion à l'idée qu'il existe un rapport du type : plus c'est grand et plus c'est performant. Et cet auteur rappelle avec humour que Gall ne s'y prenait pas autrement lorsqu'il suggérait que la tendance à commettre des homicides était directement proportionnelle à la taille de la bosse reliée à ce trait. Dans l'état actuel de nos connaissances, il convient donc de rappeler qu'il n'a en aucun cas été démontré qu'avoir un planum temporale nettement plus grand dans l'hémisphère gauche que dans le droit ait pour résultat obligé de posséder des compétences linguistiques particulièrement développées. Marshall (1980) souligne qu'il existe des arguments indiquant au contraire les possibilités d'une indépendance entre la latéralisation hémisphérique et les compétences langagières puisque les femmes (Mc Glone, 1977) et les gauchers (Marshall, 1973) présentent des indices de latéralisation fonctionnelle moins nets sans être pour autant moins compétents sur le plan langagier[3].

Ces deux remarques préliminaires nous conduisent à une première conclusion : le débat sur l'importance et la nature des déterminants génétiques du langage et celui consacré à la spécialisation fonctionnelle des hémisphères cérébraux ont intérêt, au moins provisoirement, à être tenus distincts.

L'établissement d'une liaison permanente entre les deux problématiques présente comme autre inconvénient majeur d'orienter a priori l'ensemble des travaux sur les différences latérales chez l'enfant. En effet, alors qu'en neuropsychologie de l'adulte, l'examen des différences latérales connaît aujourd'hui d'importants remaniements théoriques et méthodologiques remettant en cause le bien-fondé

---

[3] On fera cependant remarquer avec Witelson (1977) que les dimensions morphologiques d'une zone fonctionnelle ne sont pas sans rapport avec leur importance comportementale. Ainsi, dans les aires de projection motrice, la place occupée par le pouce et l'index est plus importante que celle réservée à tout le tronc. Mais il reste à démontrer que ce qui vaut pour les niveaux relativement élémentaires de traitement de l'information dans les aires de projections cérébrales à somatotopie précise s'applique également aux aires associatives où s'effectuent des traitements plus élaborés.

des dichotomies antérieures (Bertelson, 1982; Bryden, 1982), tout se passe chez l'enfant comme si une révolution analogue n'avait pas eu lieu, l'essentiel des travaux continuant à prendre le langage comme point de repère principal dans l'analyse différentielle du fonctionnement des hémisphères cérébraux. Cette surdétermination des analyses apparaît également dans les analyses phylogénétiques des différences neuroanatomiques. Certains auteurs relevant, mais de manière moins fréquente, l'existence d'asymétries chez diverses espèces de primates, pensent pouvoir interpréter l'accroissement en fréquence des asymétries du planum temporale lorsqu'on passe du singe rhésus (plus éloigné de l'homme) au chimpanzé (qui en est plus proche) comme un indice du rôle de cette structure dans les activités de communication. Mais, comme le remarque Nottebohm (1979), une telle interprétation est prématurée. En effet, le fait que chez le chimpanzé, certaines structures cérébrales soient plus fréquemment asymétriques que chez le singe rhésus (Yeni-Komshian et Benson, 1976), alors qu'en milieu naturel la complexité de leurs répertoires vocaux de communication est comparable, rend improbable l'hypothèse d'une relation biunivoque entre les asymétries neuroanatomiques observées et les conduites de communication. De telles asymétries pourraient donc renvoyer à une évolution phylogénétique en relation seulement indirecte avec les activités langagières[4].

La même surdétermination du raisonnement se retrouve au niveau d'analyses fonctionnelles chez l'enfant et, par exemple, les données de Molfese et al. (1975) et de Eimas et al. (1971) montrant l'existence dès la naissance de réac-

---

[4] On fera cependant remarquer que ces asymétries anatomiques ont été relevées chez les primates supérieurs, lesquels se sont montrés capables d'acquérir par entraînement systématique des éléments d'un système de communication présentant certaines des caractéristiques formelles du langage humain (voir les travaux de Premack, 1976, de Terrace, 1978 et des Gardner, 1969).

tions différenciées selon des paramètres sonores pertinents d'un point de vue linguistique, ne peuvent sans plus être interprétées dans le sens de capacités langagières innées localisées dans l'hémisphère gauche, tant qu'on n'a pas en même temps expliqué pourquoi les chinchillas manifestent également une perception catégorielle pour l'opposition sourde/sonore (Kuhl et Miller, 1975). Il nous paraît donc profitable de discuter séparément des fondements génétiques du langage d'une part, et de la spécialisation des hémisphères cérébraux d'autre part.

3. Le débat de l'inné et de l'acquis

Dans sa formulation ancienne, ce débat oppose ceux qui proposent que l'apparition chez l'homme de conduites langagières spécifiques dépend pour l'essentiel de déterminations génétiques, aux tenants de l'influence, dans l'acquisition des comportements verbaux, des variables du milieu. Les premiers insistent sur les aspects spécifiques des activités langagières, les seconds ont tendance au contraire à les situer au sein des activités de communication et à souligner l'existence de filiations phylogénétiques entre les systèmes de communications animales et le langage humain. Le débat ainsi formulé ne peut à l'évidence recevoir de solution quantitative au sens où il ne s'agit pas d'établir une sorte de rapport chiffré entre ce qui reviendrait aux gènes et ce qui résulterait des variables du milieu. La psycholinguistique, même à ses plus mauvaises heures, a réussi à éviter les raisonnements quantitatifs qui ont obscurci l'analyse du déterminisme génétique dans le développement intellectuel, domaine dans lequel on a cru pouvoir traduire l'héritabilité de l'intelligence en termes de pourcentage[5]. Les

---

[5] Voir cependant Munsinger et Douglass (1976) qui proposent que la part de l'hérédité dans les capacités verbales d'un enfant serait de .79, et l'influence de l'ensemble de l'environnement de .10 environ!

relations entre l'inné et l'acquis ne peuvent à l'évidence être posées dans une relation additive et la plupart des chercheurs contemporains semblent d'accord sur l'idée qu'il y a interaction entre le potentiel génétique d'une part, et les variables du milieu d'autre part. C'est précisément parce qu'un rapport interactif entre ces deux types de déterminants existe qu'il paraît difficile d'établir la part qui revient à chacun.

Affirmer l'existence d'une interaction ne doit cependant pas conduire à considérer que le problème est dépassé, mais cela nous rappelle qu'il est à l'évidence beaucoup plus difficile que prévu d'y voir clair. Certes, comme le suggèrent Moreau et Richelle (1982): «les sciences du comportement semblent avoir définitivement dépassé la vieille dichotomie, elles ont renoncé à parler de *comportements innés* par opposition à des *comportements acquis*, pour la bonne raison qu'ils ne sont jamais dissociables dans la réalité». En accord avec ces auteurs, il nous paraît évident qu'il ne s'agit pas de déterminer quels comportements verbaux seraient acquis et quels autres seraient innés, il reste cependant à se demander ce qui, dans le comportement verbal, revient à l'inné et ce qui revient à l'acquis.

Nous n'entrerons pas dans les détails de ce débat, au moins en ce qui concerne le rôle de l'entourage sur le développement du langage, la neurolinguistique n'ayant à ce niveau aucun apport spécifique à apporter. On se souviendra cependant que depuis une dizaine d'années environ, sous la poussée de Brunner et de nombreux autres psycholinguistes du développement insatisfaits de la perspective proposée par les Chomskyens, a été entreprise l'analyse détaillée du rôle de l'environnement, non seulement sur le développement du langage, mais plus largement sur la genèse des conduites de communication. Ces recherches toujours en pleine expansion aujourd'hui décrivent dans le détail les ajustements subtils et réciproques qui se développent avant l'apparition du langage entre l'enfant et la mère, souvent d'ailleurs à l'insu de celle-ci. Ces interactions subtiles où chacun apprend à prendre son tour, à être émetteur ou receveur, à porter ensemble attention au même objet, fondent le dialogue et préfigurent, au moins au niveau fonctionnel, certains aspects essentiels de la communication linguistique. Concernant le développement langagier proprement dit, les nombreuses descriptions du langage adressé par les adultes à l'enfant ont clairement indiqué qu'il s'agissait d'un langage particulier présentant diverses propriétés formelles originales tant aux plans phonétiques que syntaxique et sémantique. De plus, ce langage spécifiquement modulé semble évoluer en fonction des modifications survenant dans le langage de l'enfant puisqu'il s'y adapte et qu'à certains niveaux, notamment syntaxiques, les énoncés de la mère paraissent toujours quelque peu en avance sur ceux de l'enfant. Une autre voie de recherche se développe concernant la nature des réactions de l'adulte aux énoncés de l'enfant. Si, dans un premier temps, à la suite des travaux de Brown et al. (1970), on avait été conduit à penser que les adultes ne réagissaient qu'au contenu des messages émis par l'enfant, des travaux plus récents semblent indiquer qu'un certain pourcentage de réactions de l'adulte se rapportent aussi aux caractéristiques formelles des énoncés (Newport et al., 1977; Rondal, 1978).

Mais l'ensemble de ces adaptations adultes reste pour l'essentiel à interpréter, et la question encore largement en suspens concerne le rôle précis joué par le langage modulé et par les réactions sémantiques et formelles de l'adulte. Il ne suffit en effet pas d'établir l'existence de corrélations entre, d'une part, tel trait survenant dans le parler adulte ou dans les réactions qu'il manifeste aux énoncés enfantins, et, d'autre part, tel aspect du langage de l'enfant; il faut en outre, au moins si l'on veut établir avec plus de sûreté le rôle de l'entourage, arriver à démontrer qu'il existe, entre les modifications observées chez l'adulte et celles relevées dans le langage enfantin, une relation causale. Le problème est complexe, car il s'agit tout à la fois de repérer par quels mécanismes s'effectuent les changements observés chez l'enfant (ceux-ci peuvent-ils être appréhendés par les modèles actuels d'apprentissage?), d'établir quels aspects du langage de l'enfant sont susceptibles d'être influencés, et pendant quelle période de temps, de répertorier enfin dans l'ensemble des modifications apportées par l'adulte celles qui sont pertinentes et celles qui ne le sont pas [6]. (Pour plus de détails sur toutes ces questions, on consultera Rondal (1978) et Moreau et Richelle (1982), chap. VI et VII).

Bien qu'à situer par rapport au rôle de l'entourage, la contribution de la neurolinguistique se situe bien évidemment surtout du côté des facteurs internes responsables, pour une part encore largement à déterminer, de l'apparition et de l'exercice des activités verbales.

Un premier rôle de la neurolinguistique pourrait être d'établir par élimination successive quelles sont les parties du SNC dont l'altération ou la suppression jouent un rôle décisif sur l'apparition de conduites verbales anormales. Introduire le problème dans ces termes revient à présupposer que les potentialités génétiques pour le langage ont en

---

[6] Cette question est évidemment essentielle sur le plan théorique, au moins si l'on veut faire front au contre-argument des innéistes qui pourront toujours rétorquer à ces travaux descriptifs que les modifications survenant chez l'adulte sont le fruit de l'évolution langagière (spontanée) de l'enfant! Quant à nous, sans être des spécialistes du domaine, nous sommes un peu étonnés dans notre survol de cette littérature de l'ensemble assez incroyable de vertus que l'on impute à la mère; il manque à l'évidence de descriptions relatives à l'échec d'épisodes interactifs; l'analyse du devenir d'enfants moins astucieusement entourés pourrait être intéressante. Par ailleurs, nous pensons avec Marshall qu'il faudra pour y voir clair avoir dans cette matière recours, dans les limites qu'autorisent les contraintes éthiques, à des paradigmes plus expérimentaux, comme l'ont fait jadis Cazden (1965) et aujourd'hui Nelson et al. (1973).

quelque sorte élu certaines zones cérébrales comme siège de leur manifestation, ceci avant même l'émergence concrète des conduites verbales, ce qui, dans l'état actuel des choses, n'est qu'une hypothèse parmi d'autres. Seul un raisonnement analogique en référence à l'organisation de fonctions neurologiques plus élémentaires (là encore la frontale ascendante peut être invoquée...) paraît la renforcer.

A cette première question, la réponse est dans l'ensemble assez claire, puisque, si l'on exclut les altérations globales du fonctionnement cérébral, la neurolinguistique développementale n'indique de manière définitive aucun site précis dont l'atteinte unilatérale pendant la période qui précède le langage en interdirait l'apparition. Et il est utile de rappeler ici qu'un enfant peut apprendre à parler et à communiquer sans hémisphère gauche. Il reste cependant à préciser les limites éventuelles de compétence des structures cérébrales suppléantes qui ne correspondent sans doute pas aux sites habituels visés par le «programme génétique». On dispose à cet égard avec les travaux de Dennis et Kohn (1975) et de Dennis et Whitaker (1976) de premières indications, puisqu'il semble que si, en cas d'hémisphérectomie gauche précoce, l'hémisphère droit est à même de développer de bonnes compétences phonologiques et sémantiques, ses compétences syntaxiques pourraient être plus limitées. Quoique ces faits appellent confirmation par l'investigation d'un plus grand nombre de cas (la plasticité cérébrale pouvant être variable selon les individus et les causes lésionnelles), cette direction de recherche paraît, à terme, à même de déterminer ce qui, en cas de lésions précoces des différentes aires du langage, ne pourrait jamais être acquis par le reste du cerveau.

On fera toutefois remarquer que l'existence de suppléances fonctionnelles, particulièrement chez le sujet jeune, implique une vision plus souple de l'implantation du programme génétique. On peut en effet proposer ici deux hypothèses (à vrai dire également spéculatives) : la première voudrait que ces processus spécifiques et génétiquement déterminés pour la gestion du langage élisent domicile dans des zones cérébrales libres et particulièrement peu spécifiées par des traitements antérieurs au moment où le programme se mettrait en place; selon la seconde, le choix du site se ferait dans des aires fonctionnant au préalable de manière compatible avec les nouvelles contraintes de fonctionnement apportées par le programme. Dans la seconde hypothèse, le choix des parties centrales de l'hémisphère gauche par le programme génétique correspondrait simplement au fait que les traitements en accomplissement dans cette partie du cerveau en font le candidat le plus adéquat. Et, en cas de lésion de ces zones, le programme génétique serait alors amené à sélectionner dans le reste du cerveau les aires dont le fonctionnement est le plus voisin des prérequis neurophysiologiques attendus[7].

Dans le cas où l'on imagine que le programme génétique choisit comme site d'implantation les aires cérébrales dont le fonctionnement antérieur en font les candidats les plus compatibles avec les contraintes du programme, l'orientation des recherches doit en priorité se tourner vers l'exploration des fonctions de ces différentes aires cérébrales dans l'économie générale du comportement *avant* l'apparition du langage[8]. Cette direction de recherche existe dans la

---

[7] Dans la première hypothèse, le programme sélectionnerait à nouveau les aires les plus libres, c'est-à-dire les moins engagées dans d'autres traitements.
[8] Cette démarche est bien sûr différente de celles se proposant de démontrer que les dites aires s'occupent déjà de langage alors qu'à l'évidence l'enfant ne manifeste pas encore de comportements linguistiques. On peut certes; comme Kinsbourne le suggère dans sa thèse de l'invariance, postuler que les aires de langage accomplissent déjà, mais en quelque sorte in vacuo, les fonctions qu'elles seront appelées à actualiser réellement ultérieurement. Et pour cet auteur, le fait que les compétences «phonologiques» existent bien avant que l'enfant

littérature neuropsychologique, où certains auteurs tentent d'examiner les traitements qui seraient spécifiques à l'hémisphère gauche et secondairement responsables de son élection comme hémisphère du langage. Les hypothèses les plus classiques sont l'hypothèse auditive et l'hypothèse articulatoire. Dans la première, en prenant appui sur les travaux de Molfese et al. (1975), Entus (1977), Eimas et al. (1971), on postule que l'hémisphère gauche manifesterait certaines potentialités précocement et même dès la naissance pour le traitement des stimuli auditifs; le principal canal d'entrée pour le langage étant l'audition, l'hémisphère gauche étendrait cette compétence initiale aux stimuli verbaux. Il est cependant douteux qu'une perspective de ce type soit entièrement fondée, car d'une part, prise à la lettre, elle voudrait que chez les sourds le langage ne se spécialise pas à l'hémisphère gauche, ce qui n'a pas été vraiment démontré, et d'autre part, le traitement simultané de certains paramètres acoustiques (notamment en relation avec la prosodie émotionnelle ou la musique) semble chez l'adulte, dans certaines circonstances, provoquer un changement de latéralisation. Il est donc peu probable que la spécialisation de l'hémisphère gauche puisse se réduire à une dominance fonctionnelle pour des stimuli en provenance d'une modalité sensorielle unique.

---

ne traite de manière significative les messages oraux qui lui sont adressés, peut être considéré comme une sorte d'exercice à vide qui préfigure les fonctionnements ultérieurs. Si nous pouvons admettre que cette compétence préalable à l'apparition du langage met sans doute les aires cérébrales responsables des dits traitements en position utile pour être ensuite celles qui assureront le développement phonologique, il y a à nos yeux un contresens à qualifier ces traitements initiaux de phonologiques, puisqu'il n'y a pas pour l'enfant, à cette époque, de critères de pertinence, ceux-ci ne pouvant être définis, au sens phonologique du terme, qu'en regard d'un système linguistique construit (ou en voie de construction). Il y a assurément perception catégorielle d'oppositions phonétiques, mais c'est seulement avec le développement du langage qu'elles prendront une valeur phonologique.

Dans l'hypothèse articulatoire, on suggère que le langage se développe dans l'hémisphère gauche parce que cet hémisphère exercerait dès la naissance un contrôle plus efficace sur la motricité de l'appareil articulatoire. Selon cette hypothèse, le rôle de l'hémisphère gauche s'étendrait ensuite et secondairement à l'activité orale proprement linguistique. D'un point de vue développemental, cette hypothèse manque aujourd'hui de bases empiriques[9]. Pour certains auteurs, dont Kimura (1976), il convient d'ailleurs d'étendre l'hypothèse à l'ensemble de la motricité séquentielle dont l'activité articulatoire ne serait qu'un sous-ensemble. L'objection principale émise face à ce genre d'hypothèse consiste à indiquer que le langage ne peut être réduit à l'analyse ou à la production de séquences motrices. Nous partageons cette objection s'il s'agit de refuser toute spécificité à l'activité linguistique. Le modèle de Kimura garde cependant sa pertinence si l'on considère que la spécialisation de l'hémisphère gauche dans le contrôle de séquences motrices complexes n'est destinée qu'à en faire un meilleur candidat pour la gestion future des conduites verbales. Dans cette seconde acception, on peut en effet maintenir les propositions de Kimura sans pour autant nier la spécificité des traitements linguistiques. A côté de ces hypothèses perceptives et motrices, il y a évidemment place pour d'autres propositions, et on pourrait ici reprendre pour l'enfant l'ensemble des dichotomies qui ont guidé au cours des dernières années la littérature expérimentale chez l'adulte sur les différences latérales. Il n'est pas sûr cependant qu'on en tire un bénéfice immédiat tant pour l'instant sont grandes les incertitudes quant à la valeur

---

[9] On notera cependant les observations anecdotiques de Nottebohm (1979), qui observe les mouvements de la langue chez deux enfants entre 2 et 5 mois et qui relève une déviation de la langue sur la droite, consistante mais de courte durée. Chez l'adulte, Graves et al. (1982) ont récemment observé une asymétrie analogue mesurée sur l'ouverture de la bouche chez des sujets adultes.

opérationnelle de ces dichotomies[10]. Une autre direction de la recherche pourrait consister à examiner quelles parties du cerveau prennent en charge, avant le développement du langage, l'ensemble des conduites de communication pré-verbales qui, bien qu'on ne puisse les considérer dans un rapport de filiation continu avec le langage, en préfigurent cependant maints aspects fonctionnels.

Mais ces directions de recherches apparaissent aujourd'hui, chez l'homme, de réalisation difficile. La neuropsychologie actuelle ne permet guère l'analyse de la cinétique des événements nerveux qui se déroulent au sein des diverses aires cérébrales avant et pendant l'apparition du langage. Et les neurolinguistes n'ont actuellement pas la possibilité d'examiner en continu le fonctionnement d'aires particulières du cerveau chez l'enfant, de même que les psychologues du développement ne peuvent, dans le but de comprendre le rôle de l'entourage sur le développement du langage, adresser à l'enfant un langage adulte qu'ils auraient pris soin de modifier systématiquement selon leurs hypothèses[11].

---

[10] On consultera Bertelson (1982) pour une discussion complète et nuancée des travaux expérimentaux réalisés chez l'adulte en relation avec les différences latérales. Cet auteur souligne à quel point les oppositions traitement *analytique/global*, *sériel/parallèle*, *propositionnel/appositionnel* ne renvoient guère aujourd'hui à des processus clairement formalisables, ce qui a pour conséquence des difficultés au niveau de leur validation empirique. Et cet auteur suggère pour remédier aux difficultés actuelles l'extension des recherches à d'autres domaines de la cognition que ceux répertoriés jusqu'à présent, la prise en compte dans la réflexion sur les différences latérales d'un point de vue évolutionniste, enfin, l'analyse aux différentes étapes de traitement de l'information de la coopération ou de la compétition entre les hémisphères.

[11] Il ne suffirait d'ailleurs pas, en neurolinguistique, de disposer de possibilités méthodologiques nouvelles pour faire progresser valablement nos manières de concevoir les rapports entre la neurophysiologique et le psychologique. Il nous faudrait encore élaborer les conditions théoriques d'un tel rapprochement en tenant compte notamment de l'écart qui sépare la description des opérations rendant compte des conduites (le logiciel) et les conditions de son implantation dans le SNC.

4. Perspectives de la recherche en neurolinguistique développementale

Au terme de ce livre, il nous semble ainsi facile d'affirmer que la neurolinguistique développementale a un très long avenir devant elle. Les orientations futures de la recherche devraient dans les prochaines années se dérouler encore de manière importante dans le cadre de la démarche anatomoclinique, afin de mieux préciser la sémiologie, les étiologies et l'évolution de l'aphasie de l'enfant. Les progrès dépendront ici d'une extension des corpus et de l'introduction d'une méthodologie expérimentale dans l'analyse des troubles langagiers. Cet abord anatomoclinique devrait aussi s'attacher à décrire dans le détail les effets des lésions cérébrales unilatérales hémisphériques droites chez l'enfant. Autrement dit, à côté des travaux sur l'aphasie de l'enfant, on devrait voir apparaître des recherches en plus grand nombre sur l'ensemble des troubles susceptibles d'apparaître après lésion droite. Faut-il ici rappeler que, chez l'adulte, il a fallu attendre les années cinquante de ce siècle pour qu'un tel inventaire soit systématiquement entrepris! Toute réflexion approfondie sur la maturation cérébrale et le rôle respectif chez l'enfant des deux hémisphères cérébraux nous semble en effet prématurée sans informations plus approfondies sur la sémiologie hémisphérique gauche et sans la recherche d'une sémiologie hémisphérique droite.

Ce recueil de données peut déjà être conduit dans le but de tester quelques hypothèses existantes, mais ceci sans pour autant négliger d'autres éventualités. Pour les troubles aphasiques, nous avons souligné en cours d'ouvrage l'ensemble des problèmes qui méritent clarification. Pour ce qui concerne le rôle de l'hémisphère droit chez l'enfant, plusieurs questions sont à poser.

En relation avec sa participation précoce aux activités

langagières, il s'agira d'examiner, comme cela semble le cas chez l'adulte après hémisphérectomie ou dans la situation Split Brain (Zaidel, 1977), si cette intervention concerne surtout le pôle réceptif. Il conviendra aussi d'analyser par quels processus cet hémisphère comprend les messages linguistiques: est-il déjà chez l'enfant, comme chez l'adulte, incapable de traitements phonologiques ou perd-il cette compétence au cours du développement?

Enfin, si les travaux sur l'enfant normal restent indispensables à poursuivre, on se souviendra que le recours aux techniques en usage chez l'adulte (écoute dichotique, tachystoscopie latéralisée, tâches concurrentes, etc.) pose des problèmes méthodologiques et interprétatifs aujourd'hui difficiles à surmonter (effets planchers, âges inférieurs limités, variables attentionnelles et mnésiques, évolution et disparité des stratégies...). Par ailleurs, les travaux sur la recherche des différences latérales chez l'enfant auront sans doute intérêt à mieux définir les populations investiguées, c'est-à-dire à ne pas se satisfaire comme c'est trop souvent le cas de repères chronologiques, mais à y adjoindre des indices développementaux plus fins.

Au total donc, et pour un temps encore, le travail clinique et expérimental auprès de cas pathologiques constituera toujours notre principale source d'information.

Bibliographie

AICARDI, J., ANSILI, J., CHEVRIE, J.J., Acute hemiplegia in infancy and childhood. *Developmental Medicine and Child Neurology*, 1969, *11*, 162-173.
ALAJOUANINE, Th., LHERMITTE, F., Acquired aphasia in children. *Brain*, 1965, *88*, 653-662.
ALTMAN-FULD, P., FISHER, P., Recovery of Intellectual Ability after closed head injury. *Developmental Medicine and Child Neurology*, 1977, *19*, 495-502.
ANNETT, M., Laterality of childhood hemiplegia and the growth of speech and intelligence. *Cortex*, 1973, *9*, 4-33.
ASHER, J., GARCIA, R., The optimal age to learn a foreign language. *Modern Language*, 1969, *53*, 334-341.
ASSAL, G., CAMPICHE, R., Aphasie et troubles du langage chez l'enfant après contusion cérébrale. *Neurochirurgie*, 1973, *19*, 399-406.
BAILEY, N., MADDEN, C., KRASHEN, S.D., Is there a «natural sequence» to adult second language learning? *Language Learning*, 1974, *24*, 235-243.
BASSER, L.S., Hemiplegia of early onset and the faculty of speech with special reference to the effects of hemispherectomy. *Brain*, 1962, *85*, 427-460.
BASSO, A., CAPITANI, E., VIGNOLO, L.A., Influence of rehabilitation on language skills in aphasic patients. *Archives of Neurology*, 1979, *36*, 190-196.
BAY, E., Ontogeny of stable Speech Areas in the Human Brain, In: Lenneberg, E.H. et Lenneberg, E., (Eds), *Foundations of language development*, (Vol. 2), New York: Academic Press, 1975.
BEAUMONT, J.G., Studies with verbal stimuli, In: BEAUMONT, J.G., (Ed.) *Divided Visual Field Studies of Cerebral Organisation*, New York: Academic Press, 1982.
BERLIN, C.I., Hemispheric Asymmetry in Auditory Tasks, In: Harnad et al. (Ed.), *Lateralization in the Nervous System*, New York: Academic Press, 1977.

BERNDT, R.S., CARAMAZZA, A., A redefinition of the syndrome of Broca's aphasia: implications for a neuropsychological model of language. *Applied Psycholinguistics*, 1980, *1*, 225-278.
BERNHARDT, M., Ueber die spastiche cerebral paralyse im Kindesalter (Hemiplegia spastica infantilis), Nebst einem Excurse uber: «Aphasie bei Kindern». *Archiv für Pathologische Anatomie und Physiologie und für Klinische Medecin*, 1885, *102*, 26-80.
BERTELSON, P., Lateral differences in normal man and lateralization of brain function. *International Journal of Psychology*, 1982, *17*, 173-210.
BISHOP, N., Speech in the hemiplegic child. *Proceedings of the Eighth Medical Conference of the Australian Cerebral Palsy Association*. Melbourne, Victoria: Tooronga Press, 1967.
BOLLER, F., DENNIS, M., (Eds), *Auditory Comprehension. Clinical and Experimental studies with the Token Test*. New York: Academic Press, 1979.
BOWER, T.G.R., *Development in Infancy*, San Francisco: Freeman and Company, 1974.
BRANCO-LEFEBVRE, A.F., *Contribuiçao para o estudo da psicopatologia da afasio em crianças*, Sao Paulo: Thèse, 1950.
BRANTE, G., Studies in lipids in the nervous system with special reference to quantitative chemical determination and topical distribution. *Acta Physiologica Scandinavica*, 1949, *18*, suppl. 63.
BROADBENT, D.E., GREGORY, M., Accuracy of recognition for speech presented to the right and left ear. *The Quarterly Journal of Experimental Psychology*, 1969, *16*, 359-360.
BROWN, J., JAFFE, J., Hypothesis on cerebral dominance. *Neuropsychologia*, 1975, *13*, 107-110.
BROWN, R., HANLON, C., Derivational complexity and order of acquisition in child speech. In: Hayes, R., *Cognition and the development of language*, New York: Wiley and Sons, 1970.
BRYDEN, M., Strategy effects in the assessment of hemispheric asymmetry, In: Underwood, G., (Ed.), *Asymmetrical Function of the Brain*, Cambridge, Cambridge University Press, 1978.
BRYDEN, M.P., *Laterality: functional asymmetry in the intact brain*, New York: Academic Press, 1982.
BULLARD, P.C., SATZ, P., SPEEDIE, L., Cerebral dominance and handedness: A review and comparison of the childhood and adult aphasia studies. *Brain and Language*, in press.
BUTTLER, D.C., MILLER, L.K., Role of order of approximation to English and letter array length in the development of visual laterality. *Developmental Psychology*, 1979, *15*, 522-529.
BYERS, R., McLEAN, W., Etiology and course of certain hemiplegias with aphasia in childhood. *Pediatrics*, 1962, *29*, 376-383.
CAPLAN, P., KINSBOURNE, M., Baby drops the rattle. Asymmetry of duration of grasp by infants. *Child Development*, 1976, *47*, 532-536.
CARMON, A., NACHSON, I., STARINSKY, R., Developmental aspects of visual hemifield differences in perception of verbal material. *Brain and Language*, 1976, *3*, 463-469.

CARTER, G., KINSBOURNE, M., The ontogeny of right cerebral lateralization of spatial mental set. *Developmental Psychology*, 1979, *15*, 241-245.
CARTER, R.L., HOHENEGGER, M.K., SATZ, P., Aphasia and Speech Organization in Children. *Science*, 1982, *218*, 797-799.
CAZDEN, C., *Environmental assistance to the child's acquisition of grammar.* Doctoral dissertation: Harvard University, 1965.
CHI, J., DOOLING, E., GILLES, F., Left-Right Asymmetries of the Temporal Speech areas of the humain foetus. *Archives of Neurology*, 1977a, *34*, 346-348.
CHI, J., DOOLING, E., GILLES, F., Gyral development of the human brain. *Annals of Neurology*, 1977b, *1*, 86-93.
CLARUS, A., Über Aphasie bei Kindern. *Jahresb Kinderheilkd*, 1874, *7*, 369-400.
COLBOURN, C., What can laterality measures tell us about hemisphere function during childhood development? In: Lebrun, Y., Zangwill, O.L., (Eds), *Lateralisation of language in the child*, Lisse: Swets et Zeitlinger, 1981.
COLLIGNON, R., HECAEN, H., ANGERLERGUES, R., A propos de douze cas d'aphasie chez l'enfant. *Acta Neurologica et Psychiatrica Belgica*, 1968, *68*, 245-277.
CONEL, J., LeRoy, *The postnatal Development of the Human Cerebral Cortex*, Volume I à VI, Cambridge Mass.: Harvard University Press, (1939-1963).
CORBALLIS, M., BEALE, I., *Psychology of left and right*, New Jersey: Hilsdale: Lawrence Erlbaum, 1976.
COTARD, J., *Etude sur l'atrophie partielle du cerveau*, Paris: Thèse, 1868.
CURTISS, S., FROMKIN, V., RIGLER, M., RIGLER, D., KRASHEN, S., An update on the linguistic development of Genie. In: Dato, D., (Ed.) *Developmental psycholinguistics: Theory and applications*, Washington D.C.: George Town University Press, 1975.
CZOPF, J., Role of the non dominant hemisphere in the Restitution of speech in Aphasia. *Archiv für psychiatrie und nervenkrankheiten*, 1972, *216*, 126-171.
DARLEY, F., WINITZ, H., Age of first word: review of research. *Journal of Speech and Hearing Disorders*, 1961, *26*, 272-290.
DENEL, L.R., MORAN, C., Cerebral dominance and cerebral asymmetries on computed tomogram in childhood. *Neurology*, 1980, *30*, 934-938.
DENNIS, M., Stroke in childhood: communicative intent, expression, and comprehension after left hemisphere arteriopathy in a right handed 9 year old. In: Rieber, R.W. (Ed.), *Language Development and aphasia in children*, New York: Academic Press, 1980.
DENNIS, M., KOHN, B., Comprehension of syntax in infantile hemiplegics after cerebral hemidecortication: Left hemisphere superiority. *Brain and Language*, 1975, *2*, 472-482.
DENNIS, M., WHITAKER, H.A., Language acquisition following hemidecortication: Linguistic superiority of the left over the right hemisphere. *Brain and Language*, 1976, *3*, 404-433.
DULAY, H., BURT, M., Should we teach children syntax? *Language Learning*, 1973, *23*, 235-252.
EIMAS, P.D., SIQUELAND, E.R., JUSCZYK, P., VIGORITO, J., Speech perception in infants, *Science*, 1971, *161*, 186-187.

ENTUS, A., Hemispheric asymmetry in processing of dichotically presented speech and nonspeech stimuli. In: Segalowitz, S., Gruber, F., (Eds), *Language developement and neurological theory*, New York: Academic Press, 1977.

EVANS, D., The development of language abilities in mongols: a correlational study. *Journal of Mental Deficiency Research*, 1977, *21*, 103-117.

FERRO, J.M., MARTINS, I.P., PINTO, F., CASTRO-CALDAS, A., Aphasia following Right striato-insular Infarction in a left-handed child: a Clinicoradiological study. *Developmental Medecine and Child Neurology*, 1982, *24*, 173-182.

FLECHSIG, P., *Meine myelogenetische Hirnlehre mit biographischer Einleitung*, Berlin: Springer, 1927.

FOLCH-PI, J., Chemical constituants of Brain during Development and in Maturity. In: *The Biology of Mental Health and Disease*. The 27th Annual conference of the Milbank Memorial Fund, New York, Hoeber, 1952.

FORD, F.R., SCHAFFER, A.J., Etiology of infantile acquired hemiplegia. *Archives of Neurology and Psychiatry*, 1927, *18*, 323-347.

FORGAYS, D.G., The development of differential word recognition. *Journal of Experimental Psychology*, 1953, *45*, 165-168.

FREUD, S., *Infantile Cerebral Paralysis* (1897), translated by La Russin. Coral Gables: University of Miami, 1968.

FROMKIN, V., KRASHEN, S., CURTISS, S., RIGLER, D., RIGLER, M., The development of language in Genie: A case of language acquisition beyond the critical period. *Brain and Language*, 1974, *1*, 81-107.

FROSCHELS, E., *Child language and aphasia*, In: Rieber, R.W. (Ed.), New York, Academic Press, 1980. *Originally published as*: Kindersprache und Aphasie: Berlin: Verlag van S. Karger, 1918.

GALABURDA, A.M., LE MAY, M., KEMPER, T.L., GESCHWIND, N., Right-left asymmetries in the brain. *Science*, 1978, *199*, 852-856.

GARDINER, M.F., WALTER, D.O., Evidence of Hemispheric specialization from Infant EEG. In: Harnad, S., et al. (Eds), *Lateralization in the Nervous System*, New York: Academic Press, 1977.

GARDNER, R.A., GARDNER, B.T., Teaching sign language to a chimpanzee. *Science*, 1969, *165*, 664-672.

GARREN, R.B., Hemispheric Laterality differences among four levels of reading attainment. *Perceptual and Motor Skills*, 1980, *50*, 119-123.

GASCON, G., VICTOR, D., LOMBROSO, C., GOODGLASS, H., Language disorder, convulsive disorder and electroencephalographie abnormalies. *Archives of Neurology*, 1972, *28*, 156-162.

GAZZANIGA, M.S., VOLPE, B.T., SMYLIE, C.S., WILSON, D.H., LE DOUX, J.E., Plasticity in speech organization following commissurotomy. *Brain*, 1979, *102*, 805-815.

GESCHWIND, N., Late changes in the nervous system: an overview. In: Stein, D.G., Rosen, J.J., Butters, N., (Eds), *Plasticity and Recovery fo Function in the Central Nervous System*, New York: Academic Press, 1974.

GESCHWIND, N., LEVITSKY, W., Human brain: Left-right asymmetries in temporal speech region. *Science*, 1968, *161*, 186-187.

GESELL, A., AMES, L.B., The development of handedness. *Journal of Genetic Psychology*, 1947, *70*, 155-175.
GLANVILLE, B., BEST, C., LEVENSON, R., A cardiac measure of cerebral asymmetries in infant auditory perception. *Developmental Psychology*, 1977, *13*, 54-59.
GLONING, K., TRAPPL, R., WOLF-DIETEN, H., QUATEMBER, R., Prognosis and speech in aphasia. In: Lebrun, Y. Hoops, R., (Eds), *Recovery in aphasics*, Amsterdam, Swets & Zeitlinger, 1976.
GOLDMAN, P., Age- sex and experiences as related to the neural basis of cognitive development. In: Buchwald, N., Brazier, M., (Eds), *Brain Mechanisms in Mental Retardation*, New York, Academic Press, 1975, pp. 379-389.
GOLDSTEIN, K., *Language and Language disturbances*, New York: Grune & Stratton, 1948.
GOUTIERES, F., CHALLAMEL, M.J., AICARDI, J., GILLY, R., Les hémiplégies congénitales: sémiologie, étiologie et pronostic. *Archives Françaises de Pédiatrie*, 1972, *29*, 839-851.
GRAVES, R., GOODGLASS, H., LANDIS, Th., Mouth asymmetry during spontenous speech. *Neuropsychologia*, 1982, *20*, 371-382.
GUTTMANN, E., Aphasia in Children. *Brain*, 1942, *65*, 205-219.
HECAEN, H., Acquired Aphasia in Children and the Ontogenis of Hemispheric Functional Specialization. *Brain and Language*, 1976, *3*, 114-134.
INGRAM, D., Cerebral speech lateralization in young children. *Neuropsychologia*, 1975, *13*, 103-105.
ISLER, W., Acute Hemiplegias and Hemisyndromes in Childhood. *Clinics in Developmental Medicine*, n° 41/42, Philadelphia: J.B. Lippincott, 1971.
JAKOBSON, R., *Langage enfantin et aphasie*, Paris: Editions de Minuit, 1962.
JEANNEROD, M., HECAEN, H., *Adaptation et restauration des fonctions nerveuses*, Villeurbanne: Simep, 1979.
KASTEIN, S., HENDIN, J., Language Development in a Group of Children with Spastic Hemiplegia. *The Journal of Pediatrics*, 1951, *39*, 476-480.
KELLY, R., TOMLISON-KEASEY, C., Hemispheric laterality of deaf children for processing words and pictures visually presented to the hemifields. *American Annuals of the Deaf*, 1979, *122*, 525-533.
KERSHNER, J., THOMAE, R., CALLAWAY, R., Nonverbal fixation control in young children indues a left field advantage in digit recall. *Neuropsychologia*, 1977, *15*, 569-576.
KERTESZ, A., McCABE, P., Recovery patterns and prognosis in aphasia. *Brain*, 1977, *100*, 1-18.
KIMURA, D., Some effects of temporal lobe damage on auditory perception. *Canadian Journal of psychology*, 1961, *15*, 156-165.
KIMURA, D., Manual activity during speaking. I. right-handers. *Neuropsychologia*, 1973, *11*, 45-50.
KIMURA, D., The neural basis of language qua gesture. In: H. Whitaker, H.A. Withaker (Eds), *Studies in neurolinguistics*, vol. 2, New York: Academic Press, 1976.
KINSBOURNE, M., The minor cerebral hemisphere as a source of aphasic speech. *Archives of Neurology*, 1971, *25*, 302-306.

KINSBOURNE, M., The Ontogeny of cerebral dominance. In: Rieber, R.W. (Ed.), *The neuropsychology of language*, New York: Plenum Press, 1976.
KINSBOURNE, M., HISCOCK, M., Does cerebral dominance develop? In: Segalowitz & Gruber, F.A. (Eds), *Language development and neurological theory*, New York: Academic Press, 1977.
KINSBOURNE, M., McMURRAY, J., The effect of cerebral dominance on time sharing between speaking and tapping by preschool children. *Child Development*, 1975, *46*, 240-242.
KNOX, C., KIMURA, D., Cerebral processing of non-verbal sounds in boys and girls. *Neuropsychologia*, 1970, *8*, 227-237.
KRASHEN, S., Lateralization language learning and the critical period. Some new Evidence. *Language Learning*, 1973, *23*, 63-74.
KUHL, P.K., MILLER, J.D., Speech perception by the chinchilla: voice-voiceless distinction in alveolar plosive consonants. *Science*, 1975, *190*, 69-72.
LABOV, W., *The study of nonstandard English*. Urbana, Ill.: National Council of Teachers of English, 1970.
LAMBERT, J.L., SOHIER, C., *Le langage des enfants arriérés mentaux modérés et sévères en enseignement spécial*. Liège: Rapports de recherches, Université de Liège, 1979.
LANDAU, W.M., KLEFFNER, F.R., Syndrome of acquired aphasia with convulsive disorder in children. *Neurology*, 1957, *7*, 523-530.
LANDSDELL, H., Verbal and non-verbal factors in right hemisphere speech. *Journal of Comparative Physiological Psychology*, 1969, *69*, 734-738.
LAURENCE, S., STEIN, D.G., Recovery after brain damage and the concept of localization of function. In: Finger, S. (Ed.), *Recovery from Brain Damage - Research and Theory*, New York: Plenum Press, 1978.
LEBLANC, R., Aphasie congenitale. In: Rondal, J.A. et Seron, X. (Eds), *Troubles du langage, diagnostic et rééducation*, Bruxelles: Mardaga, 1982.
LECOURS, A.R., Morphological maturation of the brain and functional lateralisation for verbal skills. In: Lebrun, Y., Zangwill, O.L., (Eds), *Lateralisation of language in the child*, Lisse: Swets & Zeitlinger, 1981.
LE MAY, M., KIDO, D., Asymmetries of the cerebral hemispheres on computed tomograms. *Journal of computer assisted tomography*, 1978, *2*, 471-476.
LENNEBERG, E.H., *Biological Foundations of Language*, New York: Wiley, 1967.
LURIA, A.R., *Restoration of function after Brain injury*, New York: Mac Millan, 1963.
LYON, G., DODGE, P.R., ADAMS, R.D., The acute encephalopathies of obscure origin in infants and children. *Brain*, 1961, *84*, 680-708.
MARCEL, T., KATZ, L., SMITH, M., Laterality and reading proficiency. *Neuropsychologia*, 1974, *12*, 131-139.
MARCEL, T., RAJAN, P., Lateral specialization for recognition of words and faces in good and poor readers. *Neuropsychologia*, 1975, *13*, 489-497.
MARIE, P., *Questions neurologiques d'actualité*, Paris: Masson, 1922.
MARSHALL, J.C., Some problems and paradoxes associated with recent accounts of hemispheric specialization. *Neuropsychologia*, 1973, *11*, 463-470.
MARSHALL, J.C., On the biology of language acquisition. In: D. Kaplan

(Ed.), *Biological studies of Mental Processes*, Cambridge: the M.I.T. Press, 1980.
MARSHALL, J.C., NEWCOMBE, F., Syntactic and semantic errors in paralexia. *Neuropsychologia*, 1966, *4*, 169-176.
MARSHALL, J.C., NEWCOMBE, F., Patterns of paralexia. *Journal of Psycholinguistic Research*, 1973, *2*, 175-199.
McCARTHY, J.J., Clinical diagnosis and treatment of aphasia: Aphasia in children. In: Osgoon, C.E., Miron, M.S., (Eds), *Approaches in the study of aphasia*, Urbana: University of Illinois Press, 1963.
McGLONE, J., Sex differences in the cerebral organization of verbal functions in patients with unilateral brain lesions. *Brain*, 1977, *100*, 775-793.
McKINNEY, W., Mc GREAL, D., An aphasic syndrome in children, *Canadian Medical Association Journal*, 1974, *110*, 637-639.
McLAUGHLIN, B., Second language learning in children. *Psychological Bulletin*, 1977, *84*, 438-459.
METELLUS, J., HATT, A., Problèmes linguistiques posés par une désintégration progressive du langage chez un enfant. *Grammatica VII. Etudes Neurolinguistiques*, 1980, *1*, 329-351.
MILNER, B., Hemispheric specialization and interaction. *The Neurosciences: Third Study Program*, Cambridge: Massachusetts, The M.I.T. Press, 1974.
MOHR, J.P., Broca's area and Broca's aphasia. In: H. Whitaker & H.A. Whitaker (Eds), *Studies in Neurolinguistics*, Vol. 1, New York: Academic Press, 1976.
MOLFESE, D.L., FREEMAN, R.B., PALERMO, D.S., The ontogeny of brain lateralization for speech and non speech stimuli. *Brain and Language*, 1975, *2*, 356-368.
MORAIS, J., Le test d'écoute dichotique en tant que prédicteur de la dominance cérébrale chez les normaux. *Acta Neurologica Belgica*, 1981, *81*, 144-152.
MOREAU, M.L., RICHELLE, M., *L'acquisition du langage*, Bruxelles: Mardaga, 1982.
MOSCOVITCH, M., On the representation of language in the right hemisphere of right-handed people. *Brain and Language*, 1976, *3*, 47-71.
MUNSINGER, H., DOUGLASS, A., The syntactic abilities of identical wins fraternal twins, and their siblings. *Child Development*, 1976, *47*, 40-50.
NADOLECZNY, Sprachstörungen. In: Pfaundler, M. und Schlossmann, A.: *Handbuch des Kinderheilkunde*, Berlin, 1926.
NAGAFUSHI, M., Development of dichotic and monaural hearing abilities in young children. *Acta Otolaryngologia*, 1970, *69*, 409-414.
NELSON, K., CARSKADDON, G., BONVILLIAN, J., Syntax acquisition: impact of experimental variations in adult verbal interaction with the child. *Child Development*, 1973, *44*, 497-504.
NETLEY, C., Dichotic listening of callosal agenesis and Turner's syndrome patients. In: Segalowitz, S., Gruber, F., (Eds), *Language development and neurological theory*, New York: Academic Press, 1977.
NEWCOMBE, F., RATCLIFF, G., Long-term psychological consequences of cerebral lesions. In: M.S. Gazzaniga (Ed.), *Handbook of behavioral Neurobiology, Vol. 2, Neuropsychology*, New York, Plenum Press, 1979.

NEWPORT, E., GLEITMAN, H., GLEITMAN, L., «Mother, I'd rather do it myself»: some effects and non-effects of maternal speech style. In: C. Snow et C. Ferguson (Eds), *Talking to children*, Cambridge: Cambridge University Press, 1977.
NIELSEN, J.M., *Agnosia, apraxia, aphasia*. New York: P.B. Hoeber, 1946.
NOLL, J.D., LASS, N.J., Use of the Token Test with children: two contrasting socioeconomic groups. In: F. Boller et M. Dennis (Eds), *Auditory comprehension. Clinical and experimental studies with the Token Test*. New York: Academic Press, 1979.
NOTTEBOHM, F., Origins and Mechanisms in the establishment of cerebral dominance. In: M.S. Gazzaniga (Ed.), *Handbook of behavioral Neurobiology. Vol. 2. Neuropsychology*, New York: Plenum Press, 1979.
OBLER, L.K., ALBERT, M.L., GOODGLASS, H., BENSON, D.F., Aphasia type and aging. *Brain and Language*, 1978, *6*, 318-322.
OLSON, M.E., Laterality differences in tachistoscopic word recognition in normal and delayed readers in elementary school. *Neuropsychologia*, 1973, *11*, 343-350.
PENFIELD, W., ROBERTS, L., *Speech and Brain Mechanisms*. New Jersey: Princeton Press, 1959.
PETRETIC, P.A., TWENEY, R.D., Does comprehension precede production? The development of children's responses to telegraphic sentences of varying grammatical adequacy. *Journal of Child Language*, 1977, *4*, 201-209.
PIROZZOLLO, F.J., RAYNER, K., Cerebral organization and reading disability. *Neuropsychologia*, 1979, *17*, 485-491.
PLUM, F., POSNER, J.B., *Diagnosis of stupor and coma*. Oxford: Blackwell Scientific Publications; 1966.
POETZL, T., Uber sensorische Aphasie in Kindersalter. *Hals N. Ohrenklin.*, 1926, *14*, 109-118.
PÖHL, P., Dichotic listening in a child recovering from acquired aphasia. *Brain and Language*, 1979, *8*, 372-379.
PORTER, R.J., BERLIN, C.I., On interpreting developmental changes in the dichotic right-ear advantage. *Brain and Language*, 1975, *2*, 186-200.
PREMACK, D., *Intelligence in ape and man*, New York: Wiley, 1976.
RASMUSSEN, T., MILNER, B., The role of early left brain ingury in determining lateralization of cerebral speech functions. *Annals of the New York Academy of Sciences*, 1977, *299*, 355-369.
REYNOLDS, D.Mc.Q., JEEVES, M.A., A developmental study of hemisphere specialization for alphabetical stimuli. *Cortex*, 1978, *14*, 259-267.
RICHARDSON, F., Some effects of severe head injury. A follow-up study of Children and adolescents after protracted coma. *Developmental Medecine and Child Neurology*, 1963, *5*, 471-482.
RONDAL, J., Patterns of correlation for various language measures in mother-child interactions for normal and Down's syndrome children. *Language and Speech*, 1978, *21*, 242-252.
RONDAL, J.A., LAMBERT, J.L., CHIPMAN, H.H., PASTOURIAUX, F., Arriération Mentale, In: Rondal, J.A., Seron, X., *Troubles du langage, diagnostic et rééducation*, Bruxelles: Mardaga, 1982.

RUTTER, M., Psychological Sequelae of brain damage in children. *American Journal of Psychiatry*, 1981, *138*, 1533-1544.
SARNO, M., The status of research in recovery from aphasia. In: Lebrun, Y., Hoops, R. (Eds), *Recovery in aphasia*, Amsterdam: Swets & Zeitlinger, 1976.
SATZ, P., BAKKER, D.J., TEUNISSEN, J., GOEBEL, R., VAN der VLUGT, H., Developmental parameters of the ear asymmetry: A multivariate approach. *Brain and Language*, 1975, *2*, 171-185.
SATZ, P., BULLARD-BATES, C., Acquired aphasia in children. In: Sarno, M. (Ed.), *Acquired Aphasia*, New York: Academic Press, 1981.
SCHADE, J.P., VAN GROENINGEN, W.B., Structural organization of the human cerebral cortex; maturation of the middle frontal gyrus. *Acta anatomica*, 1961, *47*, 74-111.
SCHOUMAKER, R., BENNET, D., BRAY, P., CURLESS, R., Clinical and EEG manifestations of an unusual syndrome in children. *Neurology*, 1974, *24*, 10-16.
SEIDEL, U.P., CHADWICK, O.F., RUTTER, M., Psychological disorders in crippled children: a comparative study of children with and without brain damage. *Developmental Medecine and Child Neurology*, 1975, *17*, 563-573.
SELIGER, H., KRASHEN, S.D., LAGEFOGGED, R., Maturational constraints in the acquisition of a nature-like accent in second language learning. *Language Sciences*, 1975, *36*, 20-22.
SERON, X., L'aphasie de l'enfant, une revue critique, quelques questions sans réponses. *Enfance*, 1977, *2-4*, 249-270.
SERON, X., *Aphasie et neuropsychologie, approches thérapeutiques*, Bruxelles: Mardaga, 1979.
SERON, X., Children's acquired aphasia: Is the initial equipotentiality theory still tenable? In: Lebrun, Y., et Zangwill, O.L., (Eds), *Lateralization of Language in the Child*, Lisse: Swets & Zeitlinger, 1981.
SETH, G., Eye-hand coordination and «handedness» a developmental study of visuo-motor behavior in infancy. *British Journal of Educational Psychology*, 1973, *43*, 35-49.
SCHAFFER, D., CHADWICK, O., RUTTER, M., Psychiatric outcome of localized head injury in Children. In: *Outcome of severe damage to the central nervous system*, Ciba Foundation Symposium: 34, Elsevier, North-Holland, 1975.
SIDTIS, J.J., VOLPE, B.I., WILSON, D.H., RAYPORT, M., GAZZANIGA, M.S., Variability in right hemisphere language function after callosal section: evidence for a continuum of generative capacity. *The Journal of Neuroscience*, 1981, *1*, 323-331.
SMITH, A., Speech and other functions after left (dominant) hemispherectomy. *Journal of Neurology, Neurosurgery and Psychiatry*, 1966, *29*, 467-471.
SMITH, A., *Language and non-language functions after right or left hemispherectomy for cerebral lesions in infancy*, Paper presented at the 5th Annual conference of the I.N.S. - Sante Fe, february 1977.
SMITH, A., BURKLUND, C.W., Dominant hemispherectomy. *Science*, 1966, *153*, 1280-1282.
SMITH, A., SUGAR, O., Development of above normal language and intelligence: 21 years after left hemispherectomy. *Neurology*, 1975, *25*, 813-818.

SMITH, C.S., An Expermental approach to children's linguistic competence. In: J.R. Hayes (Eds), *Cognition and the development of the language*, New York: Whiley, 1970.
SPARKS, R., GESCHWIND, N., Dichotic listening in man after section of neocortical commissures. *Cortex*, 1968, *4*, 3-16.
STERIADE, M., BOTEZ, M.I., PETROVICI, I., On certain dissociations of consciousness levels within the syndrome of akinetic mutism. *Psychiatria et Neurologia*, (Basel), 1961, *141*, 38-58.
SWANN, W., MITTLER, P., Language abilities of ESN(s) pupils. Special Education Forward Trend, 1976, *13*, 24-27.
TERRACE, H.S., *Nim, a chimpanzee who learned sign language*, New York: Alfred Knof Inc, 1978.
TESZNER, D., TZAVERAS, A., GRUNER, J., HECAEN, H., L'asymétrie droite-gauche du Planum temporale, à propos de l'étude anatomique de cent cerveaux. *Revue Neurologique*, 1972, *126*, 444-449.
TEUBER, H.L., *The problem of plasticity with particular reference to the early development of the brain and behaviour*. Working paper, National Institute of Mental Health, Bethesda, Maryland, 1972.
THIERY, E., DIETENS, E., VANDEREECKEN, H., La récupération spontanée: ampleur et limites. In: Seron, X., Laterre, C., *Rééduquer le cerveau, logopédie, psychologie, neurologie*, Bruxelles: Mardaga, 1982.
TOMKIEWICZ, S., Aphasie chez l'enfant. *Revue de Neuropsychiatrie infantile*, 1964, *12*, 109-122.
TREVARTHEN, C., TURSKY, B., Recording horizontal rotation of head and eyes in spontaneous shifts of gaze. *Behavioural research methods and Instrumentation*, 1969, *1*.
TURKEWITZ, G., CREIGHTON, S., Changes in lateral differentiation of head posture in the human neonate. *Developmental psychobiology*, 1974, *8*, 85-89.
TURNER, S., MILLER, L., Some boundary conditions for laterality effects in children. *Developmental Psychology*, 1975, *11*, 342-352.
VAN DONGEN, H.R., LOONEN, M.C.B., Neurological factors related to prognosis of acquired aphasia in childhood. In: Lebrun, Y., Hoops, R. (Eds), *Recovery in Aphasics*, Lisse: Swetz & Zeitlinger, 1976.
VERITY, C.M., STRAUSS, E.H., MOYES, P.D., WADA, J.A., DUNN, H.G., LAPOINTE, J.S., Longterm follow-up after cerebral hemispherectomy: neurophysiologic, radiologic and psychological findings. *Neurology*, 1982, *32*, 629-639.
VIGNOLO, L.A., Evolution of aphasia and language rehabilitation: a retrospective exploratory study. *Cortex*, 1964, *1*, 344-367.
von MONAKOW, C., *Die lokalisation im Grosshirn und der Abbau der Funktion durch kortikale herde*, Wiesbaden: Bergmann, 1914.
WADA, J., CLARK, R., HAMM, A., Cerebral Hemispheric Asymmetry in Humans. *Archives of Neurology*, 1975, *32*, 239-246.
WITELSON, S.F., Early hemisphere specialization and interhemispheric plasticity: an empirical and theoretical review. In: Segalowitz, S.J., Gruber, F.A. (Eds), *Language development and neurological theory*, New York: Academic Press, 1977.

WITELSON, S.F., Anatomic asymmetry in the temporal lobes: its documentation, phylogenesis, and relationship to functional asymmetry. Annals of the New York Academy of Sciences, 1977, 299, 328-354.
WITELSON, S.F., PALLIE, W., Left hemisphere specialization for language in the newborn: Neuroanatomical evidence of asymmetry. Brain, 1973, 96, 641-646.
WOODS, B.T., CAREY, S., Language deficits after apparent clinical recovery from childhood aphasia. Annals of Neurology, 1979, 6, 405-409.
WOODS, B.T., TEUBER, H.L., Early onset of complementary specialization of cerebral hemispheres in man. Transactions of the American Neurological Association, 1973, 98, 113-117.
WOODS, B.T., TEUBER, H.L., Changing patterns of childhood aphasia. Annals of Neurology, 1978, 3, 273-280.
WORSTER-DROUGHT, C., An unusual form of acquired aphasia in children. Developmental Medecine and Child Neurology, 1971, 563-571.
YAKOVLEV, P.I., LECOURS, A.R., The myelogenetic cycles of regional maturation in the brain. In: Minkowski, A., Regional development of the brain in early life, Oxford: Blackwell, 1967.
YARNELL, P., MONROE, P., SOREL, L., Aphasia outcome in stroke: a clinical Neurological correlation. Stroke, 1976, 7, 516-522.
YENI-KOMSHIAN, G., A long term study of Dichotic Speech Perception and Receptive language skill in a child with acquired aphasia. In: Segalowitz, S.J., Gruber, F.A. (Eds), Language Development and Neurological Theory, New York: Academic Press, 1977.
YENI-KOMSHIAN, G.H., ISENBERG, D., GOLDBERG, H., Cerebral dominance and reading disability: left visual field deficit in poor readers. Neuropsychologia, 1975, 13, 83-94.
YENI-KOMSHIAN, G.H., BENSON, D.A., Anatomical study of cerebral asymmetry in the temporal lobe of humans, chimpanzees, and rhesus monkeys Science, 1976, 192, 387-389.
ZAIDEL, E., Auditory language comprehension in the right hemisphere following cerebral commissurotomy: A comparison with child language and aphasia. In: Caramazza, A., Zurif, E., (Eds), Language acquisition and language breakdown: parallels and divergencies. Baltimore: John Hopkins University Press, 1977.
ZANGWILL, O.L., The ontogeny of cerebral dominance in Man. In: Lenneberg, E.H., Lenneberg, E., (Eds), Foundations of language development, A multidisciplinary approach, Vol. 1, New York: Academic Press, 1975.

Table des matières

Préface par Philippe Evrard 7

CHAPITRE I: DEFINITIONS ET REMARQUES GENERALES .. 13

1. Délimitation du syndrome 13
2. Importance du syndrome 17

CHAPITRE II: SYMPTOMATOLOGIE ORALE 23

1. La réduction quantitative du langage oral 23
   a) Diagnostic différentiel: mutisme «aphasique» et «non aphasique» 24
   b) Diagnostic différentiel: mutisme et hypospontanéité du langage 25
   c) Description du mutisme et de l'hypospontanéité 26

2. Les troubles expressifs 29
   a) Les troubles articulatoires 30
   b) Les troubles de la syntaxe 33
   c) Anomie et réduction du stock lexical 35
   d) Variabilité des troubles expressifs selon l'âge, la localisation et la nature de la lésion 38
   - nature de la lésion 38
   - localisation lésionnelle 38
   - le rôle de l'âge 40

3. Les troubles de la compréhension 41
   a) Importance et fréquence 41
   b) Durée des troubles 46
   c) La diversité des méthodes d'évaluation 48
   d) Problèmes de localisation lésionnelle 53
   e) Interprétation des données 54

4. Symptômes plus rares: différences et similitudes avec l'aphasie de l'adulte 55

5. Eléments de discussion 56

CHAPITRE III: LES TROUBLES DU LANGAGE ECRIT 61

1. Les activités expressives (l'écriture) 62
   a) Sémiologie 62
   b) Eléments de conclusion 65
2. Les activités réceptives (la lecture) 65
   a) Sémiologie 65
   b) Eléments de conclusion 67

CHAPITRE IV: SYMPTOMES NEUROPSYCHOLOGIQUES ASSOCIES ET DEVENIR SCOLAIRE 69

1. L'acalculie 69
2. L'apraxie bucco-linguo-faciale 70
3. L'apraxie gestuelle idéatoire ou idéomotrice 71
4. L'apraxie constructive et les troubles des gnosies visuo-spatiales . 72
5. Complexes syndromiques? 73
6. Eléments de conclusion 73
7. Le devenir scolaire des enfants aphasiques 74

CHAPITRE V: LA RECUPERATION FONCTIONNELLE 77

1. Remarques générales 77
2. Qualité de la récupération post-lésionnelle chez l'enfant 79
3. La rapidité de la récupération 82
4. Influence de la gravité du tableau initial 85
5. Influence de la localisation de la lésion 87
6. Influence de l'étendue des lésions 88
7. Influence de la nature des symptômes 89
8. Influence de la prévalence manuelle 91
9. Influence de l'étiologie 92
   a) Les aphasies vasculaires 92
   b) Les causes infectieuses 95
   c) Les aphasies tumorales 96
   d) Les aphasies traumatiques 97
   e) Conclusions 101
10. Mécanismes de la récupération 101
    a) La levée de la diaschisis 102
    b) La «plasticité» anatomique 103
    c) «Substitution fonctionnelle» ou compensation 104
    d) Récupération du langage par «transfert» à l'hémisphère droit 105
    e) Conclusions 113

CHAPITRE VI: LES BASES BIOLOGIQUES DE L'ONTOGENESE DU LANGAGE 115

I. La théorie de Lenneberg et la notion de «période critique» pour l'acquisition du langage 115
   1. Introduction 115
   2. Le développement du langage normal 117
   3. Les lésions hémisphériques unilatérales 118
   4. La maturation cérébrale post-natale 120

II. Critique et réinterprétation de la théorie de Lenneberg à la faveur des données actuelles 122
   1. Les données pathologiques 122
      a) Lésions hémisphériques droites et aphasie 122
      b) Equipotentialité hémisphérique et lésions précoces 127
      c) Capacité linguistique de l'hémisphère droit: ses limites dans les hémisphérectomies précoces 131
   2. Latéralisation et acquisition du langage après la période critique 133
   3. La dominance cérébrale chez l'enfant normal 138
      a) L'écoute dichotique 138
        - l'équipotentialité 141
        - l'amplitude du degré de latéralisation 142
      b) Tachistoscopie en champs latéralisés 144
      c) Les asymétries motrices 146
      d) Mesures électrophysiologiques 149
      e) Données anatomiques 151

CHAPITRE VII: ELEMENTS DE CONCLUSION 159

   1. L'aphasie de l'enfant 159
   2. Maturation cérébrale et développement du langage 164
   3. Le débat de l'inné et de l'acquis 168
   4. Perspectives de la recherche en neurolinguistique développementale 177

Bibliographie 179

PSYCHOLOGIE ET SCIENCES HUMAINES
collection publiée sous la direction de MARC RICHELLE

1. Dr Paul Chauchard
   LA MAITRISE DE SOI, 9ᵉ éd.
5. François Duyckaerts
   LA FORMATION DU LIEN SEXUEL, 9ᵉ éd.
7. Paul-A. Osterrieth
   FAIRE DES ADULTES, 16ᵉ éd.
9. Daniel Widlöcher
   L'INTERPRETATION DES DESSINS D'ENFANTS, 9ᵉ éd.
11. Berthe Reymond-Rivier
    LE DEVELOPPEMENT SOCIAL DE L'ENFANT ET DE L'ADOLESCENT, 9ᵉ éd.
12. Maurice Dongier
    NEVROSES ET TROUBLES PSYCHOSOMATIQUES, 7ᵉ éd.
15. Roger Mucchielli
    INTRODUCTION A LA PSYCHOLOGIE STRUCTURALE, 3ᵉ éd.
16. Claude Köhler
    JEUNES DEFICIENTS MENTAUX, 4ᵉ éd.
21. Dr P. Geissmann et Dr R. Durand
    LES METHODES DE RELAXATION, 4ᵉ éd.
22. H. T. Klinkhamer-Steketée
    PSYCHOTHERAPIE PAR LE JEU, 3ᵉ éd.
23. Louis Corman
    L'EXAMEN PSYCHOLOGIQUE D'UN ENFANT, 3ᵉ éd.
24. Marc Richelle
    POURQUOI LES PSYCHOLOGUES?, 6ᵉ éd.
25. Lucien Israel
    LE MEDECIN FACE AU MALADE, 5ᵉ éd.
26. Francine Robaye-Geelen
    L'ENFANT AU CERVEAU BLESSE, 2ᵉ éd.
27. B.F. Skinner
    LA REVOLUTION SCIENTIFIQUE DE L'ENSEIGNEMENT, 3ᵉ éd.
28. Colette Durieu
    LA REEDUCATION DES APHASIQUES
29. J.C. Ruwet
    ETHOLOGIE: BIOLOGIE DU COMPORTEMENT, 3ᵉ éd.
30. Eugénie De Keyser
    ART ET MESURE DE L'ESPACE
32. Ernest Natalis
    CARREFOURS PSYCHOPEDAGOGIQUES
33. E. Hartmann
    BIOLOGIE DU REVE
34. Georges Bastin
    DICTIONNAIRE DE LA PSYCHOLOGIE SEXUELLE
35. Louis Corman
    PSYCHO-PATHOLOGIE DE LA RIVALITE FRATERNELLE
36. Dr G. Varenne
    L'ABUS DES DROGUES
37. Christian Debuyst, Julienne Joos
    L'ENFANT ET L'ADOLESCENT VOLEURS
38. B.-F. Skinner
    L'ANALYSE EXPERIMENTALE DU COMPORTEMENT, 2ᵉ éd.
39. D.J. West
    HOMOSEXUALITE
40. R. Droz et M. Rahmy
    LIRE PIAGET, 3ᵉ éd.
41. José M.R. Delgado
    LE CONDITIONNEMENT DU CERVEAU ET LA LIBERTE DE L'ESPRIT
42. Denis Szabo, Denis Gagné, Alice Parizeau
    L'ADOLESCENT ET LA SOCIETE, 2ᵉ éd.
43. Pierre Oléron
    LANGAGE ET DEVELOPPEMENT MENTAL, 2ᵉ éd.
44. Roger Mucchielli
    ANALYSE EXISTENTIELLE ET PSYCHOTHERAPIE PHENOMENO-STRUCTURALE
45. Gertrud L. Wyatt
    LA RELATION MERE-ENFANT ET L'ACQUISITION DU LANGAGE, 2ᵉ éd.
46. Dr. Etienne De Greeff
    AMOUR ET CRIMES D'AMOUR
47. Louis Corman
    L'EDUCATION ECLAIREE PAR LA PSYCHANALYSE
48. Jean-Claude Benoit et Mario Berta
    L'ACTIVATION PSYCHOTHERAPIQUE
49. T. Ayllon et N. Azrin
    TRAITEMENT COMPORTEMENTAL EN INSTITUTION PSYCHIATRIQUE
50. G. Rucquoy
    LA CONSULTATION CONJUGALE
51. R. Titone
    LE BILINGUISME PRECOCE
52. G. Kellens
    BANQUEROUTE ET BANQUEROUTIERS
53. François Duyckaerts
    CONSCIENCE ET PRISE DE CONSCIENCE

54 Jacques Launay, Jacques Levine et Gilbert Maurey
LE REVE EVEILLE-DIRIGE ET L'INCONSCIENT
55 Alain Lieury
LA MEMOIRE
56 Louis Corman
NARCISSISME ET FRUSTRATION D'AMOUR
57 E. Hartmann
LES FONCTIONS DU SOMMEIL
58 Jean-Marie Paisse
L'UNIVERS SYMBOLIQUE DE L'ENFANT ARRIERE MENTAL
59 Jacques Van Rillaer
L'AGRESSIVITE HUMAINE
60 Georges Mounin
LINGUISTIQUE ET TRADUCTION
61 Jérôme Kagan
COMPRENDRE L'ENFANT
62 Michael S. Gazzaniga
LE CERVEAU DEDOUBLE
63 Paul Cazayus
L'APHASIE
64 X. Seron, J.L. Lambert, M. Van der Linden
LA MODIFICATION DU COMPORTEMENT
65 W. Huber
INTRODUCTION A LA PSYCHOLOGIE DE LA PERSONNALITE, 2e éd.
66 Emile Meurice
PSYCHIATRIE ET VIE SOCIALE
67 J. Château, H. Gratiot-Alphandéry, R. Doron et P. Cazayus
LES GRANDES PSYCHOLOGIES MODERNES
68 P. Sifnéos
PSYCHOTHERAPIE BREVE ET CRISE EMOTIONNELLE
69 Marc Richelle
B.F. SKINNER OU LE PERIL BEHAVIORISTE
70 J.P. Bronckart
THEORIES DU LANGAGE
71 Anika Lemaire
JACQUES LACAN, 2e éd. revue et augmentée
72 J.L. Lambert
INTRODUCTION A L'ARRIERATION MENTALE
73 T.G.R. Bower
DEVELOPPEMENT PSYCHOLOGIQUE DE LA PREMIERE ENFANCE
74 J. Rondal
LANGAGE ET EDUCATION
75 Sheila Kitzinger
PREPARER A L'ACCOUCHEMENT
76 Ovide Fontaine
INTRODUCTION AUX THERAPIES COMPORTEMENTALES
77 Jacques-Philippe Leyens
PSYCHOLOGIE SOCIALE, 2e éd.
78 Jean Rondal
VOTRE ENFANT APPREND A PARLER
79 Michel Legrand
LE TEST DE SZONDI
80 H.J. Eysenck
LA NEVROSE ET VOUS
81 Albert Demaret
ETHOLOGIE ET PSYCHIATRIE
82 Jean-Luc Lambert et Jean A. Rondal
LE MONGOLISME
83 Albert Bandura
L'APPRENTISSAGE SOCIAL
84 Xavier Seron
APHASIE ET NEUROPSYCHOLOGIE
85 Roger Rondeau
LES GROUPES EN CRISE?
86 J. Danset-Léger
L'ENFANT ET LES IMAGES DE LA LITTERATURE ENFANTINE
87 Herbert S. Terrace
NIM, UN CHIMPANZE QUI A APPRIS LE LANGAGE GESTUEL
88 Roger Gilbert
BON POUR ENSEIGNER?
89 Wing, Cooper et Sartorius
GUIDE POUR UN EXAMEN PSYCHIATRIQUE
90 Jean Costermans
PSYCHOLOGIE DU LANGAGE
91 Françoise Macar
LE TEMPS, PERSPECTIVES PSYCHOPHYSIOLOGIQUES
92 Jacques Van Rillaer
LES ILLUSIONS DE LA PSYCHANALYSE
93 Alain Lieury
LES PROCEDES MNEMOTECHNIQUES
94 Georges Thinès
PHENOMENOLOGIE ET SCIENCE DU COMPORTEMENT
95 Rudolph Schaffer
COMPORTEMENT MATERNEL

96 Daniel Stern
MERE ET ENFANT, LES PREMIERES RELATIONS
97 R. Kempe & C. Kempe
L'ENFANCE TORTUREE
98 Jean-Luc Lambert
ENSEIGNEMENT SPECIAL ET HANDICAP MENTAL
99 Jean Morval
INTRODUCTION A LA PSYCHOLOGIE DE L'ENVIRONNEMENT
100 Pierre Oleron et al.
SAVOIRS ET SAVOIR-FAIRE PSYCHOLOGIQUES CHEZ L'ENFANT
101 Bernard I. Murstein
STYLES DE VIE INTIME
102 Rondal/Lambert/Chipman
PSYCHOLINGUISTIQUE ET HANDICAP MENTAL
103 Brédart/Rondal
L'ANALYSE DU LANGAGE CHEZ L'ENFANT
104 David Malan
PSYCHODYNAMIQUE & PSYCHOTHERAPIE INDIVIDUELLE
105 Philippe Muller
WAGNER PAR SES REVES
106 John Eccles
LE MYSTERE HUMAIN
107 Xavier Seron
REEDUQUER LE CERVEAU
108 Moreau/Richelle
L'ACQUISITION DU LANGAGE
109 Georges Nizard
ANALYSE TRANSACTIONNELLE ET SOIN INFIRMIER
110 Howard Gardner
GRIBOUILLAGES ET DESSINS D'ENFANTS, LEUR SIGNIFICATION
111 Wilson/Otto
LA FEMME MODERNE ET L'ALCOOL
112 Edwards
DESSINER GRACE AU CERVEAU DROIT
113 Rondal
L'INTERACTION ADULTE-ENFANT
114 Blancheteau
L'APPRENTISSAGE CHEZ L'ANIMAL
115 Boutin
FORMATION ET DEVELOPPEMENTS
116 Húsen
L'ECOLE EN QUESTION
117 Ferrero/Besse
L'ENFANT ET SES COMPLEXES

Hors collection

Paisse
PSYCHOPEDAGOGIE DE LA LUCIDITE
Paisse
ESSENCE DU PLATONISME
Collectif
SYSTEME AMDP
Boulangé/Lambert
LES AUTRES, L'EXPRESSION ARTISTIQUE CHEZ LES HANDICAPES MENTAUX

Manuels et Traités

2 Thinès
PSYCHOLOGIE DES ANIMAUX
3 Paulus
LA FONCTION SYMBOLIQUE ET LE LANGAGE
4 Richelle
L'ACQUISITION DU LANGAGE
5 Paulus
REFLEXES-EMOTIONS-INSTINCTS
Droz-Richelle
MANUEL DE PSYCHOLOGIE
Hurtig-Rondal
MANUEL DE PSYCHOLOGIE DE L'ENFANT (Tome 1)
Hurtig-Rondal
MANUEL DE PSYCHOLOGIE DE L'ENFANT (Tome 2)
Hurtig-Rondal
MANUEL DE PSYCHOLOGIE DE L'ENFANT (Tome 3)
Rondal-Seron
LES TROUBLES DU LANGAGE (DIAGNOSTIC ET REEDUCATION)